पिंजरा : द केज

'पिंजरा : द केज' ऐसी नौ कहानियों का संग्रह है, जो बाल गृहों के निरीक्षणों के दौरान सरकार की एजेंसियों के निष्कर्षों पर आधारित है। देश के राजनीतिक रसूखदार परिवार से संबंधित चिल्ड्रन होम ने विदेशी फंडिग के चक्कर में एक बच्ची को कभी किसी परिवार में अडॉप्शन नहीं होने दिया। देश में काम कर रहे कुछ चिल्ड्रन होम में बच्चों की स्थितियाँ वाकई बहुत ही खराब हैं। वहाँ न तो बच्चों को ठीक से खाना मिलता है, न ही उनके रहने की सुविधाएँ ठीक हैं। कुछ चिल्ड्रन होम बच्चों के धर्मांतरण के लिए चिल्ड्रन होम चला रहे हैं। कुछ चिल्ड्रन होम में तो बच्चों के साथ बलात्कार तक समय-समय पर होते रहे हैं। एक कहानी ऐसी भी है, जब एक जमीन के टुकड़े के लिए शहरभर के भू-माफिया उस चिल्ड्रन होम को उजाड़ने की कोशिशों में लगे रहे।

अपनी राजनैतिक पहुँच की वजह से इन पर लंबे समय तक एक्शन नहीं लिया गया। बाद में जब एक-एक कर देश के सभी चिल्ड्रन होम का सोशल ऑडिट हुआ तो ये सारी बातें सामने आईं। इनमें से कुछ मामलों में पुलिस ने एफ.आई.आर. तक दर्ज की और कुछ में मामला कोर्ट तक पहुँचा।

इन कहानियों को लिखने में काफी रिसर्च की गई है, ताकि सच्चाई लोगों के बीच पहुँच सके और इन चिल्ड्रन होम में रह रहे बच्चों की दशा सुधर सके, जिससे वे एक उज्ज्वल भविष्य पा सकें।

इन कहानियों के माध्यम से यह जागरूक करने का प्रयास किया गया है कि बच्चों का किस तरह शोषण किया जाता है; उनको किस तरह अपने फायदे के लिए इस्तेमाल में लाया जाता है। इसमें कई जगहों पर अंग्रेजी और दूसरी भाषाओं के शब्दों का भी उपयोग किया गया है। पुस्तक पठनीय और भाषा सुबोध है।

—दैनिक जागरण, उत्तर प्रदेश संस्करण

चिल्ड्रन होम में कुछ की स्थिति बेहद खराब है। न तो वहाँ बच्चों को ठीक से खाना मिलता है और न ही उनके रहने की सुविधा ठीक है। कुछ संस्थाएँ तो बच्चों के धर्मांतरण के लिए चिल्ड्रन होम चला रही हैं।

—नवभारत टाइम्स, मुख्य संस्करण

ये कहानियाँ ऐसे बच्चों की हैं, जिनके बारे में किसी को पता नहीं, वे किसी चिल्ड्रन होम के कोने में उपयोग की वस्तु बने हुए हैं, यह सच्चाई दिल को दहला देती है।

—राजस्थान पत्रिका, जयपुर संस्करण

'पिंजरा द केज' छोटी-छोटी कहानियों का संग्रह है। ये कहानियाँ पूरी शोध के बाद लिखी गई हैं, जिनमें पात्रों के नाम बदल दिए गए हैं। ये कहानियाँ बच्चों की झकझोर देनेवाली सच्चाई की परतें खोलती हैं।

—पाञ्चजन्य, डिजिटल एडिशन

बाल संरक्षण के क्षेत्र में विदेशी सहायता प्राप्त करनेवाले एन.जी.ओ. के द्वारा संचालित बाल-गृहों की निरीक्षण रिपोर्ट्र्स के आधार पर लिखे फिक्शन में बाल-गृहों में बचपन का गला घोंटनेवालों की करतूतों का वर्णन किया गया है।

—स्वदेश, मुख्य संस्करण

पिंजरा : द केज

प्रियंक कानूनगो
दीपक उपाध्याय

प्रकाशक

प्रभात पेपरबैक्स

प्रभात प्रकाशन प्रा. लि. का उपक्रम

4/19 आसफ अली रोड, नई दिल्ली-110002

फोन : 23289777 • हेल्पलाइन नं. : 7827007777

इ-मेल : prabhatbooks@gmail.com ❖ वेब ठिकाना : www.prabhatbooks.com

संस्करण

प्रथम, 2022

मूल्य

दो सौ रुपए

मुद्रक

आर-टेक ऑफसेट प्रिंटर्स, दिल्ली

———————— ★ ————————

PINJARA: THE CAGE

by Shri Priyank Kanoongo & Shri Deepak Upadhyay

Published by **PRABHAT PAPERBACKS**

An imprint of Prabhat Prakashan Pvt. Ltd.

4/19 Asaf Ali Road, New Delhi-110002

ISBN 978-93-5521-193-4

₹ 200.00

उन सभी बच्चों को समर्पित
जिनका बचपन वात्सल्य से
वंचित है

हमारी प्रेरणा

'भारत'

भूमिका

यह पुस्तक सच्ची घटनाओं की सरकारी जाँच-रिपोर्ट पर आधारित एक फिक्शन है, जोकि छोटी-छोटी कहानियों और आसान भाषा में आप तक पहुँचाया गया है। ये कहानियाँ ऐसे लोगों के प्रति आम जनता को जागरूक करती हैं, जो बच्चों के नाम से चिल्ड्रन होम खोलकर उसमें अनैतिक काम करते हैं और पैसे कमाने के लिए बच्चों का उपयोग करते हैं।

भारत का नाम जिन सम्राट् भरत के नाम पर रखा गया, उनका लालन-पालन भी एकल माँ के साथ कण्व ऋषि के आश्रम में हुआ था। लेकिन ऋषि कण्व ने उनको सदा के लिए अपने आश्रम में नहीं रखा, बल्कि उन्होंने माँ शकुंतला और भरत को उनके पिता राजा दुष्यंत से मिलवाने का कार्य किया। भारत में परंपरागत तौर पर बच्चों का लालन-पालन बेशक आश्रम-पद्धति में होता था, लेकिन उन्हें वापस उनके परिवारों में भेज दिया जाता था।

किशोर न्याय अधिनियम कहता है कि बच्चों को परिवार मिले। जिन बच्चों ने अपने माता-पिता को खो दिया है, वे भी परिवारों में गोद लिये जा सकें। भारत की प्रेरणा में तो यशोदा जैसी माँ हैं, जिन्होंने कृष्ण जी का पालन किया। इसे आज के जमाने में 'फोस्टर केयर' कहते हैं, जोकि भारत में हजारों वर्षों की परंपरा रही है।

देश में एक मजबूत कानूनी तंत्र मौजूद है, जोकि बच्चों को सुरक्षा व संरक्षण प्रदान करता है। भारत सहित पूरी दुनिया में कन्वेंशन ऑफ चाइल्ड राइट लागू है। भारत का संविधान बच्चों को धार्मिक स्वतंत्रता देता है, लेकिन विभिन्न जाँच-रिपोर्ट्स के अध्ययन के दौरान हमने देखा कि हमने देखा है कि कुछ जगहों पर बच्चों का धर्म बदलने की कोशिश की जा रही है।

भारत में बच्चों की सुरक्षा और उनके संरक्षण के लिए जेजे ऐक्ट और पॉक्सो ऐक्ट बच्चों को अनेक प्रकार से सुरक्षा प्रदान करते हैं। पॉक्सो ऐक्ट में यह प्रावधान है कि जिन बच्चों का यौन उत्पीड़न हुआ है, उन घटनाओं की पुलिस रिपोर्ट करना आवश्यक है, उसकी रिपोर्टिंग आवश्यक है। लेकिन हमने ऐसा पाया कि देश में इस तरह के कई गिरोह काम कर रहे हैं, जोकि बलात्कार की शिकार बच्चियों का प्रसव करवाकर, उनके बच्चों को बेचने के काम में लगे हुए हैं।

जाँच के दौरान हमने पाया कि ऐसे संत जिन्हें देश ने भगवान् का दरजा दिया, उनके नाम पर बनी संस्थाएँ बच्चों को बेचने के काम में लगी हुई थीं। इसका उल्लेख भी इस पुस्तक में है।

एक मामले में तो ऐसा देखने को मिला कि देश का सबसे ताकतवर राजनैतिक परिवार भी एक चाइल्ड होम चलाता है। इस चाइल्ड होम में रह रहे बच्चों के नाम पर फंडिंग ली जाती है और फिर उन्हें अपने परिवारवालों के साथ पुनर्वासित नहीं किया जाता। देश में अनेकानेक चिल्ड्रन होम पैसा कमाने के लिए ऐसा करते हैं।

भारत में बच्चों से जुड़ा हुआ जो भी विषय है, उसे कभी मुख्य धारा में जगह नहीं मिली है। विदेशी फंडिंग से जुड़े एन.जी.ओ., धार्मिक प्रचार में लगे एन.जी.ओ. और अपने गैर-भारतीय एजेंडा को लेकर चलने वाले एन.जी.ओ. अपने फंड के दम पर पूरे चिल्ड्रन सेक्टर पर हावी हो गए थे। वास्तव में इसकी शुरुआत 1860 में हुई, जब ईस्ट इंडिया कंपनी

से भारत की सत्ता ब्रिटिश महारानी ने ले ली थी। गुलाम भारत में भी ब्रिटिश सरकार बहुत सारे वैसे कार्य नहीं कर सकती थी, जो वह करना चाहती थी, जैसे धर्म का प्रचार, मैकाले की शिक्षा-पद्धति का प्रचार, भारतीय संस्कृति को विखंडित करना। इसलिए उन्होंने भारत में सोसाइटी रजिस्ट्रेशन एक्ट बनाया, जिससे वह एन.जी.ओ. के नाम से ये काम कर सकें। एन.जी.ओ. ये काम कर सके। भारत में परंपपरागत तौर पर अनाथालय नहीं थे, लेकिन ईस्ट इंडिया कंपनी के साथ-साथ अनाथश्रमों को भी खूब आर्थिक सहायता मिली और वे खूब फले-फूले।

देश की आजादी के 75 साल बाद अब देश की भलाई के लिए किए जानेवाले प्रत्येक कार्य करने का दायित्व सरकारों का है। अत: बच्चों की सुरक्षा व संरक्षण का कार्य भी सरकार का ही है। सात दशकों की अनदेखी के कारण ही बच्चों के संरक्षण की पूरी व्यवस्था ही लचर हो गई थी, जिसका सच हमने इस पुस्तक 'पिंजरा : द केज' में लिखा है।

इसकी भाषा ज्यादा आसान हो, इसके लिए कई जगह पर पुस्तक में भाषा-शैली, वाक्य-विन्यास में अंग्रेजी और अन्य भाषाओं के शब्दों का उपयोग किया गया है। कहानियों में पठनीय और समाज में प्रचलित बोल-चाल की भाषा का उपयोग किया गया है, ताकि कहानियों में सच्चाई का प्रसार ज्यादा-से-ज्यादा हो सके, इसके लिए हम सभी हिंदीप्रेमियों से क्षमा माँगते हैं।

सादर,

—प्रियंक कानूनगो

—दीपक उपाध्याय

अनुक्रम

पिंजरा : द केज

नदी में नाव धीरे-धीरे आगे बढ़ रही थी, नदी की धीमी-धीमी लहरों में वो एक अकेली नाव नहीं थी, बल्कि वो तो नावों का पूरा काफिला था। दीदी की नाव धीरे-धीरे करके आगे बढ़ रही थी, जैसे ही नाव किनारे के थोड़ा पास पहुँची तो दीदी ने हाथ उठाकर हिला दिया। उनके हाथ के उठते ही गंगा के किनारे नारे लगने लगे, "राजकुमारी दीदी जिंदाबाद! राजकुमारी दीदी जिंदाबाद!" जहाँ पर नाव आकर रुकनेवाली थी, ठीक उसके सामने ही सुराज भवन का गेट था।

गंगा की लहरें धीरे-धीरे किनारे को छू रही थीं, मंद-मंद ठंडी हवा पूरे काफिले की राजनीतिक गरमी को ठंडा करने में नाकामयाब रही। दीदी के हाथ के साथ-साथ उनके साथ पीछे-पीछे चल रही कई और नावों में भी लोगों के हाथ हिलने लगे।

नाव अब किनारे लग रही थी, नाव के हिचकोले राजकुमारी को खड़े रहने में परेशान कर रहे थे। इसलिए अब वो अपना संतुलन बनाने के लिए झुक रही थी। इसी जद्दोजहद में राजकुमारी को हलका सा झटका लगा और वो नाव को पकड़कर नीचे बैठ गई। जब राजकुमारी का पूरा ध्यान अपने आप को सँभालने में लगा हुआ था। उसी समय सुराज भवन की बालकनी से दो आँखें गुस्से से राजकुमारी को घूर रही थीं।

नाव अब किनारे लग चुकी थी। "मैडम! आइए, नीचे उतर आइए, अब नाव को अच्छी तरह से बाँध दिया गया है।" एक सफेद कुरता पहने लंबी कद-काठीवाले ने नीचे उतरने का इशारा करते हुए कहा। अब नाव हिल नहीं रही थी, लिहाजा बिना किसी झिझक के राजकुमारी ने नाव से पैर नीचे रखा दिया, जैसे ही उनका पाँव नीचे पड़ा तो बाकी नाववालों ने तालियाँ बजाकर जय-जयकार करनी शुरू कर दी, जैसे कि किसी सम्राज्ञी के पैर पहली बार धरती पर पड़े हों, हालाँकि जिस देश में राजकुमारी पैदा हुई है, वहाँ लोकतंत्र तो है, लेकिन जिस परिवार में राजकुमारी का जन्म हुआ है, वो परिवार लोकतंत्र से अभी तक ऊपर ही रहा है। राजकुमारी के नीचे उतरने के बाद उस लंबी कद-काठीवाले

युवक ने कहा, "मैडम, इस बार हमने जो यह माँ गंगा से नाव यात्रा शुरू की है न, माँ कसम, उससे सरकार की चूलें हिल गई हैं।" उसकी यह बात सुनकर राजकुमारी थोड़ा मुसकराई, फिर धीरे से बोली, "वो तो ठीक है, लेकिन आप अपने जिले को मजबूत करिए।" फिर आँखें तरेरकर बोली, "वहाँ की कई सारी शिकायतें हमारे यहाँ पहुँची हैं।" इस बात को सुनते ही चमचा धीरे से दाँत निकालकर हें-हें करने लगा। इतने में एक अन्य चमचा हाथ में झंडा ऊपर उठाकर पूरे जोर से बोला, "राजकुमारी साहिबा जिंदाबाद," इसपर पूरी भीड़ ने जोर से नारा लगाया, "जिंदाबाद-जिंदाबाद!"

सुराज भवन अंग्रेजों के जमाने का बँगला है। जिसमें लोहे के दरवाजे हैं और उसके अंदर कैंपस है। उसमें सामने की ओर कई बड़े-बड़े बगीचे हैं। साथ ही इसमें एक संग्रहालय भी बना है। उसमें वहीं बीच में एक अंग्रेजों के जमाने की बड़ी आलिशान कोठी ही सुराज भवन है। यह देश के स्वतंत्रता आंदोलनों की बहुत सारी बैठकों का गवाह रहा है। फिलहाल इस राजकुमारी का परिवार इसे विश्राम गृह की तरह इस्तेमाल करता है, इसी सुराज भवन के एक भाग में अनाथ लड़कियों के लिए एक अनाथाश्रम भी है।

बालकनी में जो आँखें राजकुमारी को घूर रही थीं, वो अब भी वहीं खड़ी थीं। पूरे 8 साल हो गए रानी को इस सुराज भवन में रहते हुए, जब वो यहाँ आई थी, तो महज तीन या चार साल की बच्ची थी, लेकिन अब वो सयानी होने लगी है। रानी के चेहरे के सामने राजकुमारी के भाई की तसवीर घूम गई। युवराज भी करीब 5 साल पहले इसी तरह के ताम-झाम के साथ इसी जगह आया था। उसने तो सभी बच्चों को बुलाकर उनके साथ बातचीत भी की थी। उस समय कुछ बच्चों को लगा था कि हो सकता है, जल्द ही उनको भी एक परिवार मिल जाएगा। चूँकि युवराज ने जिस तरह से बच्चों से बात की थी, उससे उम्मीद थी कि

युवराज की बातों को सुराज भवनवाले और प्रशासन गंभीरता से लेगा, लेकिन उन्होंने तो खुद ही अपनी कही हुई बातों पर ध्यान नहीं दिया। वो तो बस अपनी राजनीति की शुरुआत के लिए इस भवन में आए थे, शायद ऐसा ही कुछ इस बार फिर से होनेवाला है, अब जहाँ राजकुमारी पहुँच गई थी, वहीं पर अकसर रानी भी खड़ी होती है।

गंगा किनारे की राजनीति में गंगा माँ से कोई भी सफर करना लोगों के लिए बहुत शुभ माना जाता है। कई सड़क यात्राओं के बाद भी राजकुमारी की राजनीति भी युवराज की तरह ही कुछ चमक नहीं पा रही थी, हालाँकि रुपए-पैसे और शान-ओ-शौकत के मामले में तो ये देश के सबसे बड़े लोगों में से हैं या यूँ कहें कि देश की राजनीति का नंबर एक परिवार है तो गलत नहीं होगा।

राजनीति का चस्का ऐसा है कि एक बार जब लग जाता है तो वो कभी छोड़ता नहीं है। अपनी दादी और पिता को देश पर राज करते हुए देखनेवाली राजकुमारी का सपना भी ऐसी ही कुरसी पर पहुँचने का था, लेकिन यह सपना अभी तक सिरे चढ़ता नजर नहीं आ रहा था। इसीलिए हाल ही में राजकुमारी ने एक विदेशी पी.आर. एजेंसी को अपनी छवि निखारने के लिए रखा है।

पिछले महीने ही पी.आर. एजेंसी के क्रिस्टिनो के साथ राजकुमारी की मीटिंग हुई थी। क्रिस्टिनो ने कहा था, “Why you dont start a new campain, I had ask my team for reaserch and they told me that one river is very Importent in Uttar Pradesh, Ganga? am I right.”

राजकुमारी ने यह सुनकर कहा—“yes, they are right, this is holy river for these people.”

“So why don’t you start your new campaign from that holi river,” क्रिस्टिनो ने सुझाव दिया।

“That is very good idea.” राजकुमारी चेहरा चमकाते हुए

क्रिस्टिनो से बोली। इसके तुरंत बाद राजकुमारी ने फोन निकाला और एक नंबर डायल किया, "संदीप, सुनो, मैं क्रिस्टिनो को भेज रही हूँ, इसके साथ मिलकर एक नया कैंपेन यूपी के लिए प्लान करना है, अगले महीने तक हमें इसे लॉञ्च करना है।" बस इसके बाद ही इसकी तैयारियाँ शुरू हो गई थीं।

रानी राजकुमारी के हाथ को देख रही है। रानी को याद आ रहा था कि वो जब यहाँ आई थी तो उसकी उम्र महज चार साल की थी। बाद में पुलिस ने उसको बाल कल्याण समिति (जे.जे. एक्ट, चाइल्ड वेलफेयर कमेटी)* को पेश किया और वहाँ से सुराज भवन पहुँच गई, जो कि एक चिल्ड्रन होम है। दरअसल रानी रेप विक्टिम थी। तीन या चार साल की उम्र में उसके साथ रेप भी हुआ था। रानी को याद है कि उस दिन वो अपने माँ-बाप से बिछड़ गई थी, फिर एक काले-से आदमी ने उसका मुँह दबा दिया। वो चेहरा उसको मार रहा था और वो चिल्ला रही थी, रो रही थी, फिर उस काले चेहरेवाले ने उसका मुँह दबा दिया। दर्द के मारे रानी को फिर याद नहीं रहा, जब उसको होश आया तो वो अस्पताल में थी, आसपास पुलिस थी। इसके बाद वो अस्पताल से सीधे सुराज भवन आ गई, तब से वो इस होम में ही रह रही है।

राजकुमारी दीदी अब तक नाव से उतरकर सुराज भवन के मुख्य दरवाजे पर पहुँच चुकी थी। उनके पीछे लोगों का लंबा-चौड़ा काफिला चल रहा था। उनके आगे-आगे कैमरेवालों की भीड़ भी थी, जो राजकुमारी दीदी के हर पोज को कैमरे में कैद कर रही थी। बहुत से कैमरेवाले उनके हाथ हिलाने से लेकर मुसकराने तक की फोटो खींचने में बिजी थे।

*** Act. धारा 27 किशोर न्याय अधिनियम**

केयरटेकर पुराना खादिम है, इसलिए राजकुमारी को बेबी साहब और युवराज को बाबा कहता है।

अब तक रानी भी कमरे की खिड़की से उतरकर भवन की बालकनी में आ गई थी। नीचे राजकुमारी दीदी की गहरे हरे रंग की साड़ी को देखते हुए रानी की नजर अपनी फ्रॉक पर गई, उसका रंग भी हरा ही था, लेकिन उसमें कई छेद थे। अपनी फ्रॉक को देखकर वो सोच रही थी कि राजकुमारी और रानी नाम लगभग एक जैसे हैं, लेकिन किस्मत कितनी जुदा है। यह सोचते-सोचते उसकी नजरें नीचे लगे तुलसी के पौधे के पास चली गई। जहाँ राजकुमारी दीदी अभी खड़े होकर अपने दादाजी की कब्र पर श्रद्धांजलि दे रही थी। उसको देखते-देखते रानी की आँख से आँसू धीरे-धीरे बहने लगे। पिछले कुछ सालों से वो जब भी लोगों को देखती है तो उसकी नजर बहुत सी महिलाओं में अपनी माँ और आदमियों में अपने पिता को ढूँढ़ने लगती है। काश कि दीदी की तरह मेरी भी माँ होती, मेरा भाई होता, बहन होती, लेकिन अभी तक उसको न माँ मिली, न पिता और न ही भाई-बहन।

पिछले कुछ सालों से वो लगातार भवन के केयर टेकर, जिन्हें बच्चे बाबा बुलाते हैं से अपने लिए माँ-पिता की बात कर रही है, लेकिन बाबा बस उसे बोलते ही रहते हैं कि जल्द ही माँ-पिता मिल जाएँगे। जब भी वो अपने माता-पिता के बारे में कुछ बात करती है तो अकसर बड़ी दीदी उसका मजाक उड़ाती हैं—"तुझे कुछ नहीं मिलनेवाला, यहाँ कुछ नहीं होता, जब हमें ही इतने सालों में माता-पिता नहीं मिले तो तुझे कैसे मिलेंगे?"

दो दिन पहले भी रात को संगीता दीदी ने इन्हीं बातों पर बड़ा डाँटा था, इससे परेशान होकर रानी रोती हुई नीचे क्रब के पास पहुँचकर उस तुलसी के पौधे के पास बैठ गई। आँखों में भरे हुए आँसू धीरे-धीरे करके टपक रहे थे। कब्र की तरफ देखते हुए वो बोली, "अब तो आपको भी पता चल गया होगा कि मेरे माता-पिता नहीं मिलेंगे, फिर मुझे क्यों पैदा किया गया है? यहाँ क्यों लाया गया है। वहीं मर जाने दिया होता।

रानी के लिए उसकी माँ, बहन, पिता और भाई सबकुछ यह कब्र ही है, जब भी वो उदास होती है तो यह कब्र ही उसका सहारा बनती है। आज फिर इस कब्र पर वो बैठकर यही सवाल पूछ रही है कि उसके साथ ही ऐसा क्यों हो रहा है? स्कूल में या बाहर अकसर जाते हुए जब भी वो किसी बच्चे को अपने माता-पिता के साथ देखती थी तो उसके मन में एक टीस-सी उभर जाती थी। वो रात को अकसर उठकर बैठ जाती थी। सारा दिन-रात उसे ऐसा लगता था कि उसके साथ ही ऐसा क्यों हुआ? "मैंने ऐसा क्या किया था कि मेरे माँ-बाप नहीं हैं," कब्र की तरफ मुँह करके रानी ने पूछा, "दुनिया में सब बच्चे अपने घर में खुश हैं, जिद करते हैं, अपने पिता के कंधों पर चढ़ जाते हैं। माँ के हाथों से खाना खाते हैं, लेकिन मैं?" यह सवाल रानी अकसर इस कब्र पर आकर करती है। आँखों में आँसुओं के साथ रानी एक बार अपने आप से यही सवाल कर रही थी, "अब क्या पूरी रात यहीं मुँह फुलाए बैठी रहेगी," मंजू दीदी ने तेज आवाज में कहा, "चल अब ऊपर आ जा। सोने का टाइम हो गया है।" मंजू दीदी की बातें सुनकर रानी धीरे-धीरे बेमन से उठी और अपने कमरे की ओर चलने लगी।

ऊपर चलते-चलते रानी को थोड़ी भूख लगने लगी थी, लेकिन खाने की जगह बड़ी दीदी की डाँट खाकर रो रही रानी को अब क्या मिलनेवाला था। उसे तो अब कल सुबह का इंतजार था, जब चाय के साथ पूरी या कुछ और खाने को मिलेगा, तब तक उसको पानी पीकर ही गुजारा करना पड़ेगा।

राजकुमारी दीदी के आने से पहले आज सुबह सभी को भरपेट खाने को मिला था। वो भी रसोई में पका हुआ, वरना तो अकसर उन्हें नाश्ते के बाद खाने के लिए किसी के मरने या किसी के जन्म लेने का इंतजार करना पड़ता है। जिसे अभी पिछले हफ्ते लाला अमीरचंद के पिता की बरसी पर उन्हें भरपेट स्वादिष्ट खाना मिला था।

नीचे दीदी से मिलने के लिए लाइन लगाए रानी को उस दिन की लाइन याद आ गई। उस दिन ऐसे ही सभी बच्चे लाइन लगाकर खड़े थे, खाने में हुई देरी की वजह से बच्चों में थोड़ी बेचैनी भी थी।

"थोड़ी देर और रुको," एक कड़कती आवाज ने बच्चों की चहलकदमी को थोड़ा कम किया। तीन बज चुके थे, सुबह सात बजे के नाश्ते के बाद अभी तक किसी के मुँह में कुछ नहीं गया था। इसलिए बच्चे खाने को लेकर बेचैन हो रहे थे। "बस आ गया है खाना, सेठजी के लोग ऊपर ला रहे हैं। इतनी भूख से मर नहीं जाओगे...रुको..." उस कड़कती आवाज के साथ बाबा ने अपनी लाठी लहराई, तब तक दो लोग हाथों में बड़े-बड़े डिब्बों के साथ ऊपर आ चुके थे। बच्चों के लिहाज से खाना थोड़ा कम था। होम में बाबा के साथ काम करनेवाली बिमला आंटी ने उन डिब्बों को टेबल पर लगा दिया। बिमला आंटी इस होम में पिछले 30 सालों से बच्चों को खाना खिलाना और दूसरे काम कर रही है। वो जानती थी अब बच्चे जल्दी-जल्दी में ज्यादा खाएँगे। लिहाजा उसने आलू की सब्जी में थोड़ी मिर्च और मिला दी। बिमला को मालूम था कि मिर्च से बच्चे पानी ज्यादा पिएँगे और खाना पूरा पड़ जाएगा।

अचानक पीछेवाली दीदी ने रानी को धक्का लगाया, "जल्दी चल, कहाँ खोई हुई है?" अचानक लगे धक्के से रीना अगलेवाली शीना पर लगभग गिर ही पड़ी। "दीदी, चल रही हूँ," अपनी थाली लिये रानी ने पीछे गुस्से से देखते हुए कहा। तब तक रानी का खाने का नंबर आ गया था। अकसर उन्हें बाबा और बिमला आंटी ऐसा ही खाना खिलाते थे। जो कहीं किसी की बरसी, किसी बच्चे के जन्मदिन या भंडारा करानेवालों के यहाँ से आया होता है। आज शहर के सबसे बड़े थोक व्यापारी लाला अमीर चंद के पिताजी की बरसी का खाना उन्हें मिल रहा है। इसलिए खाने के साथ-साथ मिठाई भी होगी। एक मिठाई का टुकड़ा रानी की थाली में भी आ गया।

हफ्ते में दो या तीन दिन उन्हें खाने में देर हो जाती है, क्योंकि खाना किसी दूसरे के यहाँ से आता है, हालाँकि रात में उन्हें टाइम से मिल जाता है, दोपहर का बचा हुआ और रात को कुछ बनाकर अकसर उनके पेट भरने का इंतजाम बिमला आंटी कर देती है।

तभी नीचे 'राजकुमारी दीदी जिंदाबाद···राजकुमारी दीदी जिंदाबाद!' के नारों से रानी वापस वर्तमान में आ गई। राजकुमारी तब तक भवन के हॉल में आ चुकी थी। उनके पीछे-पीछे कैमरेवालों का एक हुजूम भी था। जिसे सँभालने के लिए सफारी सूट पहने हुए मजबूत कद-काठीवाले खड़े हुए थे। कुछ पुलिसवाले भी वहाँ मौजूद थे, लेकिन वो दरवाजे पर ही रुक गए थे, ताकि बाकी लोग अंदर न आ सकें। आते ही दीदी ने लाइन में सबसे पहले रानी के गालों पर हाथ फेरा, "क्या नाम है तुम्हारा?" राजकुमारी दीदी ने प्यार से पूछा।

"जी रानी," मैंने सहमते हुए बोला।

"वाह! नाम तो बहुत सुंदर है।"

"कितने साल की हो?" दीदी ने तुरंत अगला सवाल दाग दिया।

"12 की हो जाऊँगी, अगले महीने।"

"She is so beautiful," दीदी ने अपने पीछे चल रहे एक छुटभैये नेता से कहा, "yes Madam," इसके बाद दीदी आगे दूसरे बच्चों से मिलने लगी।

"यहाँ के केयरटेकर आप ही हैं न?" राजकुमारी ने बाबा की ओर देखते हुए पूछा।

"जी हाँ बेबी साहब, मैं ही हूँ।"

दीदी से थोड़ा त्यौरी चढ़ाकर पूछा, "क्या नाम है तुम्हारा?"

"जी राम मसीह···" शायद यह पहली बार था कि हम लोगों को बाबा का असली नाम पता चला, वरना पूरा इलाहाबाद तो उन्हें बाबा के नाम से ही जानता था। यह सुनकर दीदी थोड़ा नरम पड़ गई, फिर बिना

कुछ ज्यादा पूछे वो हम लोगों के बीच में बैठ गई, जैसे ही वो बैठी तुरंत सारे कैमरों में से क्लिक-क्लिक की आवाज आने लगी।

रानी को याद आ गया था कि जब युवराज उन्हें मिलने यहाँ पर आए थे, तब भी ऐसा ही हुआ था, वो करीब आठ साल की होगी। उस रात को भी वो ऐसे ही अपने पंसदीदा तुसली के पौधे के पास बैठी थी तो ऊपर से बिमला आंटी ने आवाज दी, "ऊपर आ जाओ हॉल में, कुछ बताना है," जब वो हॉल में पहुँची तो पहले से ही सारी लड़कियाँ वहाँ पहुँच गई थीं। बिमला आंटी ने बोलना शुरू किया, "कल युवराज आएँगे, इसलिए जो भी अच्छे कपड़े हैं, वो पहनने हैं। सुबह सब नहाएँगे। बाथरूम में साबुन रख दी है। शैंपू भी रख दिया है। इसलिए सबको बाल भी धोने हैं।" सभी बच्चे हॉल में जमा थे। बिमला आंटी जोर-जोर से बता रही थी। बिमला आंटी की बातें सुनकर रानी थोड़ा सा डर गई थी। रानी छोटी तो थी, लेकिन थी बड़ी शर्मिली। चूँकि सबको नहाना है। इसलिए सुबह जल्दी उठना होगा, अगर देर हो जाएगी तो परेशानी होगी।

इसी चिंता में रानी सुबह-सुबह पाँच बजे ही उठ गई। उसके ठीक नीचेवाले बेड पर मनीषा सोई हुई थी। "मनीषा उठ, उठ न, देख पाँच बज गए हैं, नहाना है।" नहाने के नाम से मनीषा भी तुरंत ही बैठ गई। उन्होंने देखा कि संगीता और ज्योति भी उठने की कोशिश में लगी हुई थीं। रानी को डर लग रहा था कि कहीं बड़ी दीदी न उठ जाएँ, वरना बिना दरवाजे के टॉयलेट और बाथरूम में सबके सामने जाने में बहुत शर्म आती है। इसलिए वो सुबह सबसे पहले नहाने की कोशिश करती है। इसलिए रानी और अन्य कई लड़कियाँ सुबह जल्दी उठकर अपना नहाना-धोना निबटा लेती हैं।

रानी जल्दी-जल्दी नहाकर आ गई और उसने अपनी वो सुंदरवाली फ्रॉक पहन ली। "वाह! आज तो बड़ी सुंदर लग रही है रानी, हमसे पहले ही नहा ली।" ज्योति दीदी ने कनखियों से देखते हुए कहा।

"जी दीदी, वो मैं जल्दी उठ गई थी।"

"ठीक है," कहते हुए वो बाकियों के साथ नहाने चली गई।

नाश्ता करने के बाद अचानक बाबा जल्दी-जल्दी नीचे उतरने लगे। "बिमला, जल्दी कर ले, बस आने ही वाले हैं।" तेज-तेज नीचे उतरते हुए बाबा ने बिमला से कहा।

बिमला ने तुरंत सब बच्चियों से कहा, "जब मैं बोलू तो एक लाइन में नीचे आ जाना। ज्योति, सरला, तुम आगे ही रहना।"

थोड़ी ही देर में लाव-लश्कर के साथ युवराज सुराज भवन के सामने पहुँच गए थे। सफेद चकाचक कुरता पहने युवराज इतने गोरे थे कि अंग्रेजों को भी मात दे दें। बालकनी में सभी बच्चे खड़े हुए थे। उन्हें देख रहे थे। युवराज ने ऊपर देखा और सभी बच्चों की तरफ हाथ उठाकर हिला दिया। सभी बच्चों ने भी मुसकराते हुए ऐसा ही किया। बिमला आंटी ने उन्हें ऐसा ही करने के लिए कहा था।

"चलो-चलो, नीचे चलो," बिमला आंटी ने धीरे से आकर कहा। तब तक युवराज नीचे आ गए थे। उनके हॉल में आने से पहले ही सभी बच्चों को हॉल में पहुँचना था। इसलिए बिमला आंटी सबको जल्दी-जल्दी नीचे लेकर जा रही थी। सीढ़ियों से नीचे उतरते-उतरते रानी ने सोचा, अपने माँ-पिता के बारे में इनसे पूछ लेती हूँ। बाबा तो कुछ बताते नहीं हैं। नीचे आने के बाद युवराज ने सभी को प्यार किया। वो अपने साथ कुछ चॉकलेट भी लेकर आए थे। सबसे पहली चॉकलेट भी मुझे ही मिली।

"क्या नाम है तुम्हारा?" युवराज ने गोद में उठाते हुए मुझसे पूछा।

"रानी," मैंने चहककर जवाब दिया।

"अरे वाह! जितनी सुंदर तुम हो, उतना ही सुंदर तुम्हारा नाम है।"

मैंने भी तपाक से पूछ लिया, "मेरे माता-पिता कब आएँगे मुझे लेने?" इतना सुनकर युवराज कुछ सोच में पड़ गए। युवराज ने बाबा

की ओर देखा, बाबा ने ये सवाल सुनकर अपनी गरदन नीची कर ली। युवराज बाबा की गरदन देखकर समझ गए और बस मुसकराते रहे और धीरे-धीरे मुझे अपनी गोद से उतार दिया। इसके बाद युवराज ने सभी बच्चों के साथ फोटो खिंचवाए। इसके बाद युवराज एकदम बाहर की ओर निकलने लगे। उनके साथ ही कैमरेवालों का हुजूम भी युवराज के साथ बाहर जाने लगा और इस भाग-दौड़ में अचानक रानी को पीछे से एक धक्का लगा और उसके हाथ से वो चॉकलेट छूटकर नीचे गिर गई। इससे पहले कि वो दोबारा उसे उठाती, किसी ने उसपर पैर रख दिया।

रानी रोज शाम को नीचे उस कब्र के पास जाती, जहाँ वो तुलसी का बड़ा सा पौधा लगा था, रोज वहाँ ऐसे बात करती, जैसे कोई उससे कुछ पूछता है या कोई उसको जवाब देता है। इस भवन में रानी का कोई सहारा था तो बस वो ये कब्र ही थी। रानी जब भी खुश होती या जब भी दुःखी होती तो देर रात तक यहाँ कब्र के पास सीढ़ियों पर बैठी रहती थी। उस दिन भी रानी ऐसे ही बैठकर मानो पूछ रही थी कि वो कब अपने माँ-बाप के घर जाएगी ? कब उसको अपने वो खिलौने मिलेंगे, जिनको वो अपना कह सके ? वो हाथ में एक गुड़िया लिये बैठी थी। अचानक से एक हाथ आया और वो गुड़िया उसके हाथों से निकल गई। "तू यहाँ इसको लिये बैठी है, हम वहाँ प्ले रूम में इसे ढूँढ़ रहे हैं। आज हमें गुड़ियों की शादी करनी है," संगीता ने जोर से कहा। रानी से करीब तीन या चार साल बड़ी संगीता उससे हर वो खिलौना छीन लेती थी, जो कि उसको पसंद था, आखिर बड़ी भी थी, फिर संगीता, मनीषा, ज्योति, ऊषा ये सब तो एक ही साथ रहती थीं। एक ही उम्र की थीं। पूरे भवन में बच्चों पर ये ही धौंस जमाती थीं। एक-दो बड़ी दीदी भी इनके साथ होती थीं। "तू समझती है कि तुझे यहाँ से लेने तेरे नए माँ-बाप आएँगे, भूल जा। हम भी ये सोचते-सोचते बड़े हो गए। यहाँ कोई नहीं आएगा, बस यहाँ खाने को मिल रहा है न। उसमें खुश रह। ये हमें कहीं नहीं भेजनेवाले। वो शीला दीदी थी न। वो

भी यहाँ इतनी ही आई थी, जितनी तू, वो भी ये ही सोचते-सोचते शादी की उम्र की हो गई, लेकिन यहाँ उसको लेने कोई नहीं आया। इसलिए वो यहाँ से भाग गई। हमारी किस्मत में माँ-बाप नहीं हैं," यह कहते-कहते संगीता का गला भर आया। आँख में पानी तो था, लेकिन वो नीचे नहीं गिरा, इससे पहले ही संगीता ने अपने को सँभाला। "चल ऊपर बड़े कमरे में, हम घर-घर खेल रहे हैं।" रानी थोड़ी सहम गई थी। "नहीं दीदी, आप जाओ, मैं अभी थोड़ी देर में आती हूँ।" यह सुनने से पहले ही संगीता ऊपर की ओर बढ़ गई थी। उसे मालूम था कि रानी नहीं आएगी।

ऐसे ही धीरे-धीरे दिन, महीने और साल गुजरने लगे। छोटी सी रानी अब बड़ी होने लगी। उसे भी अब लगने लगा था कि बड़ी दीदी जो कहती थी, वो सच ही है। उन्हें यहाँ कोई लेने नहीं आएगा। धीरे-धीरे उसका ज्यादा समय इस टीले के पास बीतने लगा। यह बात पूरे भवन को मालूम थी कि रानी रोज यहाँ टीले के पास बैठकर पता नहीं क्या-क्या बातें करती रहती है। "अरी बिमला, ये ले अपनी सैलरी," बाबा ने बिमला को आवाज लगाई। रसोई में कपड़ा फेर रही बिमला ने तुरंत कपड़ा छोड़ तेजी से बाबा की आवाज की तरफ कदम बढ़ाए। सीढ़ियों के पास खड़े होकर बाबा बिमला को आवाज लगा रहे थे। बाबा ने 500 के 10 नोट बिमला की तरफ बढ़ा दिए। बिमला ने एक-एक कर नोट गिनने के बाद बाबा की तरफ देखा। "वो इस महीने तो पूरे कर देते।" "तू तो देख ही रही है बिमला! कैसे चल रहा है, फिर तू अपने घर का खाना भी तो यहीं से ले जाती है। तेरा क्या खर्चा है?" "बाबा, दोपहर का खाना तो बाहर से ही आता है, ऐसे में यहाँ का खर्चा भी कम ही है, फिर वो विदेश से भी बच्चों के लिए लाखों रुपए आ ही रहे हैं, सिर्फ मुझे एक हजार ज्यादा देने से कौन सा बोझ पड़ जाएगा।" बिमला ने नाराजगी भरे लहजे में बाबा से कहा। यह सुनकर बाबा थोड़ी देर चुप हो गया। "देख बिमला, अगर नौकरी करनी है तो कर, ज्यादा हिसाब मत बता।

बड़ी मुश्किल से 30 बच्चे रखे हुए हैं।" बाबा गुस्से में बोले जा रहे थे।

"अगर बच्चे अडॉप्शन में डाल दिए न, तो आधा होम एक महीने में ही खाली हो जाएगा, फिर न तो चंदा आएगा और न ही तुम्हारा काम बचेगा। इसलिए जो मिल रहा है, उसे सिर से लगाओ और काम करो।" बाबा ने एक ही साँस में तेजी से ये बोल दिया। बालकनी में खड़ी रानी को दोनों की ये बातें सुनकर समझ आ गया कि उसको आज तक अडॉप्शन में क्यों नहीं डाला। यह बात याद आते ही रानी के चेहरे पर तनाव आ गया।

इसलिए उसकी भी माता-पिता का घर पाने की आस थोड़ी कम होती जा रही थी। इस बीच बिमला आंटी ने जोर से चिल्लाकर बोला, रानी, ऊपर आ जाओ, हॉल में कुछ बताना है।" अकसर जब कोई भवन को देखने आता है तो एक रात पहले ही हमें बुलाकर ऐसे तैयार करा दिया जाता है। कल भी शायद कोई विदेशी आ रहे होंगे, अब तक अपने माँ-बाप, भाई-बहन का सपना पाले रानी को अब पता था, 'यह भवन ही अब उसका पिंजरा है,' मन-ही-मन यह सोचती हुई रानी वहाँ से उठी और बड़े हॉल की ओर चल दी।

□

टूलकिट पापा

रेलवे स्टेशन पर भीड़ लगी हुई थी, जिले के कई गाँव के लोग आज अपने एक अधिकारी को छोड़ने स्टेशन पर आए हुए थे। छत्तीसगढ़ के रायगढ़ के इस स्टेशन पर गाड़ी पहुँचने में अभी थोड़ी देर थी, तब तक साहब ने वहीं स्टेशन पर ही लोगों से बात करना शुरू कर दिया, "तुम लोग काहे इतनी देर तक यहाँ रहोगे, अब हो गया, जाओ, हम चले जाएँगे।" अभी तक छत्तीसगढ़ में कलेक्टर रहे मजबूत शरीर, लंबी कद-काठी और सफाचट खोपड़ीवाले रूप चंदर ने लोगों को बोला, "नहीं साहब, ऐसे कैसे आपको छोड़कर चले जाएँगे।"

रूप चंदर के ठीक सामने खड़ा त्रिपाठी बोला, "आपको गाड़ी में बिठाकर ही विदा लेंगे ये लोग, आपने जो कुछ इन लोगों को दिलवाया है, वो ये लोग हमेशा याद रखेंगे।" त्रिपाठी को मालूम था, जितना पैसा साहब ने उसने रिसर्च के नाम पर दिलवाया और कमाया है, वो कई सालों तक उसका और उसके जैसे कई लोगों का पेट भरने के काम आएगा। रूप चंदर जैसे कलेक्टर ने उन्हें सिखा दिया था कि बड़ी कंपनियों का काम रोककर पैसा कैसे जुटाना है। यहाँ इस कोयला खदानवाले इलाके में अब कई एन.जी.ओ. बन गए हैं, जो कि पर्यावरण संरक्षण का काम कर रहे हैं। लिहाजा जिले के एन.जी.ओ. वालों को साहब के जाने का दु:ख तो था। इतने में गाड़ी के स्टेशन पहुँचने की अनाउंसमेंट होने लगी थी। "ठीक है,

अब मैं स्टेशन पर जा रहा हूँ। आप लोग घर जाइए। कोई तकलीफ हो तो हमें चिट्ठी या फोन कर लेना, यहाँ त्रिपाठीजी हैं ही। ये सब सँभाल लेंगे।"

त्रिपाठी के कान में चंदर ने कहा, "जल्द ही दिल्ली जाऊँगा, वहाँ मिलना। कई सारे काम मिलकर करने हैं।" इसके बाद रूप चंदर ने हाथ उठाकर लोगों का अभिवादन किया और स्टेशन के अंदर चल दिया। त्रिपाठी चंदर का सामान उठाकर स्टेशन के भीतर चलने लगा।

ट्रेन चल पड़ी थी, चंदर खुश था कि इतने सारे लोग उसे छोड़ने आए। मन-ही-मन चंदर ने सोचा, जो काम दिया गया था, वो भी हो गया है, अब रानी साहिबा तो खुश होंगी। इसलिए जहाँ बोला, वहाँ पर भेजा जा रहा है। इतने में ही मोबाइल बज उठा। उधर से रानी साहिबा के ऑफिस का नंबर था। हैलो, चंदर ने बोला—Hello Chandar, madam wants to talk to you, उधर से वी. जोजफ की आवाज आई—जी, कराइए।

Hello Chandar, Can you come to my office tomorrow. उधर से आवाज आई—Yes Madam, चंदर ने तुरंत जवाब दिया। उधर से फोन कट गया। मैडम के इस मैसेज के बाद चंदर ने एक दूसरा फोन निकाला और एक नंबर मिलाया। कल सुबह की मेरी एक दिल्ली की टिकट बुक कर दो। चंदर ने उधरवाले व्यक्ति को निर्देश दिया। ट्रेन अब पूरी गति पकड़ चुकी थी। चंदर मंद-ही-मंद मुसकरा रहा था, फिर उसने टाँगे फैलाईं और ट्रेन की बर्थ पर लेट गया। उसे पता था कि अब किसी का फोन नहीं आएगा, बस अगले कुछ घंटों में वो रायपुर पहुँच जाएँगे और कल सुबह दिल्ली।

थोड़े से समय में रूप चंदर रानी साहिबा का खास आदमी बन गया, रूप चंदर की रानी साहिबा से इस मीटिंग की पटकथा कही और लिखी गई थी, क्योंकि विदेश में जो रानी साहिबा के विशेष लोग हैं, उनके साथ चंदर भी काफी नजदीक है। रानी साहिबा का खास आदमी बनने में विदेश में उस गोरे आदमी का हाथ है, जो कि दुनियाभर में अपने पैसे के दम पर सरकारें चलवा रहा है, जब रानी साहिबा ने रूप चंदर को फोन किया तो उससे पहले वो बूढ़ा गोरा आदमी कुछ लोगों के साथ विदेश में एक खास जगह बैठा था। उनमें से एक इंडियन दिख रहा था। Good Morning, इसका जवाब उस गोरे बूढ़े ने हाथ उठाकर आशीर्वाद के तौर पर दिया। उस इंडियन की तरफ देखकर वो गोरा बोलता है, "रानी को बोल दो, अब अपने लोगों को एक साथ कर ले।" इतना सुनते ही वो इंडियन तुरंत उठा, झुका और दरवाजे की ओर बढ़ गया, जैसे वो इस निर्देश को सुनने के लिए ही बैठा था।

फोन बज रहा था, "जोजफ, तुम्हारा फोन इतनी देर से बज रहा है, तुम फोन क्यों नहीं उठा रहे ?"

फोन उठते ही एक सॉफ्ट सी आवाज में उधर से आवाज आई, "सर, फोन बाहर रखा था और मैं अंदर मीटिंग में था।"

"रानी साहिबा किधर हैं?"

उधर फोन से आवाज आई, "जी, अंदर ही हैं।"

इधर से जोजफ बोला, "ठीक है, उन्हें बोल देना कि रूप चंदर को टीम में ले लें।" इतना कहते ही उधर से फोन कट गया। वी. जोजफ तुरंत अंदर गया, जहाँ पर रानी साहिबा बीचवाली बड़ी सी कुरसी पर बैठी थीं। सामने सफेद कुरतेवाले कई सारे लोग बैठे हुए किसी मुद्दे पर बात कर रहे थे। वी. जोजफ ने तुरंत कमरे में कदम रखा और तेजी से मैडम के पास गया, धीरे से अपना मुँह आगे ले जाकर बोला, "वो क्रिस्टिफर का फोन आया था, उन्होंने बोला है कि टीम में रूप चंदर को भी लेना है।" इतना सुनते ही रानी की आँखों में चमक आ गई। उन्होंने मुँह से बस 'हूँ' निकाला और वी. जोजफ वापस अपनी सीट की ओर बढ़ गया।

रूप चंदर को याद आ रहा था कि कैसे सिंपल सरकारी अधिकारी से वो इतना ताकतवर हो गया कि रानी साहिबा सीधे उसे फोन करके बुलाती हैं। उसे याद है कि कैसे उसके पिता चंदर सीनियर ने उसे बहुत प्यार तो दिया ही, साथ ही बेटे को एक बड़ा अधिकारी बनाने के लिए जो भी करना था, वो किया। आखिरकार चंदर सीनियर भी एक बड़े अधिकारी रहे थे, जिनकी दोस्ती आज भी कई मंत्रियों के साथ थी, फिर वो दिन भी आया, जब रूप चंदर एक जिले का कलेक्टर बन गया।

कई सालों तक कलेक्टर बन कई जिलों में काम करने के बाद एक दिन सरकार ने उसे एक ट्रेनिंग के लिए इटली भेजने का फरमान सुनाया। चंदर का यह पहला विदेशी दौरा था। इटली जाने की खबर सुन उसके पिता, यानी चंदर सीनियर उससे मिलने आए और उसे एक नंबर देकर बोले कि वहाँ जाकर इनसे मिल लेना। दिल्ली से इटली तक की फ्लाइट के वो 12 घंटे उसे उसके जीवन के सबसे बेहतर घंटे लग रहे थे। इटली पहुँचकर होटल पहुँचते ही चंदर ने वो नंबर मिला दिया। "यस," उधर से आवाज आई, "सर, आई एम रूपचंदर, फ्रॉम इंडिया, माई फादर आस्क

मी टू सी यू," चंदर ने मिलने के लिए पूछा।

"यस चंदर, कॉल्ड मी, आई एम सेंडिंग यू अ कार एंड ड्राइवर, व्हाट इज योअर होटल नेम।" जैसे ही चंदर ने होटल का नाम बताया तो होटल का नाम सुनकर फोन कट हो गया। करीब 20 मिनट के बाद होटल के रिसेप्शन से फोन आया कि गाड़ी नीचे आ गई है। एक लंबी सी काले रंग की वो मर्सिडीज थी। गाड़ी में बैठते ही बिना कुछ पूछे ड्राइवर ने गाड़ी स्टार्ट की, जैसे उसमें कोई चाबी लगी हो। मजबूत कद-काठी का वो ड्राइवर काफी लंबा भी था, लेकिन बिना किसी भावनाओं के वो बस अपनी गाड़ी चला रहा था। 15 मिनट बाद वो कार एक बड़े से गेट में घुस गई। चारों तक तरफ बड़ा सा मैदान था और उसके बीचोबीच वो बँगला था। गाड़ी पोर्च में रुकते ही खड़े गार्ड ने दरवाजा खोला और हाथ से इशारा करते हुए बोला, "दिस वे सर…" रूप चंदर को समझ नहीं आ रहा था कि क्या सबको मालूम है कि वो आ रहा है। इतने में ही एक व्यक्ति ने आकर उसका अभिवादन किया, "मिस्टर रूपचंदर! राइट?"

"यस," चंदर के यस बोलते ही वो आगे-आगे चलने लगा और रूप चंदर उसके पीछे हो लिया। थोड़ी देर बाद वो एक बड़े से कमरे में थे। जहाँ कुछ कुरसियाँ लगी थीं और सामने अँधेरा था। जो आदमी चंदर के साथ आया था, अब वो जा चुका था और कमरे में सिर्फ रूप चंदर ही था। इतने में एक आवाज आई, "वेलकम माय डियर सन।"

बस उस गोरे बूढ़े से मुलाकत ने चंदर का जीवन ही बदल दिया। जो कुछ उसे वहाँ उस बड़े कमरे में बताया गया, वो राज उसके दिल में ही था, जबान पर नहीं, लेकिन अब चंदर उस ग्रुप में शामिल हो चुका था, जो भारत जैसे देश की पॉलिसी बनाने में प्रमुख भूमिका निभा रहा था। लिहाजा जैसे ही चंदर वापस भारत लौटा तो उसे मध्य प्रदेश के एक महत्त्वपूर्ण जिले खरगौन का कलेक्टर बना दिया गया, यह वो जिला था, जहाँ पर एक बड़ा आंदोलन शुरू ही हुआ था।

पहला दिन था, जब वो अपने दफ्तर के पहुँचे तो अंदर कदम रखते हुए बोले, "वो सारे स्थानीय अखबार लेकर आओ।" एक कर्मचारी भागकर एक कमरे से अखबारों का एक बंडल लेकर आ गया, जैसे ही उसकी अखबारों को उसने टेबल पर रखा तो तो रूप चंदर ने कहा, "जाओ एस.पी. पुलिस और सिंचाई विभाग वाले निदेशक धीरज सोनी को अंदर भेज दो।"

"जी साहब," बोलकर चपरासी फिर से बाहर चला गया, तब तक चंदर बैठे-बैठे सभी अखबारों की हेडलाइंस देख रहे थे, सभी में डैम के विरोध की खबरें छपी ही थी। डैम देश का सबसे बड़ा डैम तो था और इससे एक बहुत बड़े इलाके को सिंचाई का पानी भी मिलना था, लेकिन इस डैम की वजह से काफी गाँव डूबनेवाले थे। लिहाजा उनको वहाँ से शिफ्ट भी करना पड़ रहा था, बस इसी के आधार पर यह आंदोलन चल रहा था। इतने में ही दरवाजे पर खट-खट की आवाज आई, "मे आई कम इन," एस.पी., सुरेंद्र बघेल दरवाजे पर खड़े थे।

"यस प्लीज," चंदर बोला।

"सर, वेलकम टू खरगौन।" एस.पी. बघेल ने कहा।

"वो सिंचाईवाले डायरेक्टर नहीं आए?" चंदर ने चपरासी से पूछा।

"जी वो आ रहे हैं।" चपरासी ने जवाब दिया। इतने में एक बूढ़े-से अधिकारी दरवाजे पर खड़े नजर आए।

"आइए, अंदर आ जाइए।" बूढ़े अधिकारी के कुछ पूछने से पहले ही चंदर बोला।

"वो डैमवाले मामले में क्या चल रहा है?" चंदर ने सिंचाईवाले अधिकारी से पूछा।

"जी सर, वो कुछ एन.जी.ओ. वाले लोग बैठे हुए हैं।"

"आप कहें तो आज ही उठा लेते हैं।" एस.पी. बीच में ही बोल पड़े।

"बघेल साहब, अखबार देखे हैं?"

"अंतरराष्ट्रीय मुद्दा बन गया है। उन्हें करने दो जो कर रहे हैं। सरकारी प्रोजेक्ट है, अगर यहाँ के लोगों को नुकसान करेगा तो क्या फायदा?" चंदर ने एस.पी. को हिदायत देते हुए कहा। बघेल समझदार अफसर था, वो इशारा समझ गया था और तुरंत चुप हो गया।

"सोनी साहब, आप तो बहुत दिनों से यहीं पोस्टेड हो।" चंदर को मालूम था कि सोनी ने ही इस प्रोजेक्ट को आगे बढ़ाया था और उसका प्रोजेक्ट में काफी दखल भी था।

"जी सर, कई साल हो गए हैं।" चंदर को धीरज ने बताया।

"पूरे पाँच साल हो गए हैं सोनीजी, ट्रांसफर के लिए तीन साल का नियम तो आपको मालूम ही है।" चंदर धीरज को लगभग धमकाते हुए बोला, "वो बात तो ठीक है सर!" धीरज सोनी ने धीमी आवाज में हामी भरी।

"ठीक है, इस प्रोजेक्ट पर जो भी हो रहा है, वो मुझसे पूछे बिना अप्रूव नहीं होगा। यह एक बड़ा मुद्दा बन जाएगा। जवाब मुझे देना पड़ेगा।"

"ठीक है सर, मैं सारी फाइलें आपको भेज दूँगा।" मन-ही-मन अब चंदर खुश हो रहा था, अब वो इस प्रोजेक्ट में जो चाहता था, वही होगा। शाम तक चंदर दूसरे कई कामों में बिजी हो गया, लेकिन उसके मन में कई बातें चल रही थीं। उसने घंटी बजाई, "वो एस.पी. बघेल को फोन लगवाओ," "जी साहब," चपरासी तुरंत बोला।

थोड़ी देर में चंदर की टेबल का फोन बज उठा, "हैलो सर, एस.पी. बघेल।"

उधर से आवाज आई, "अरे बघेल साहब, वो एक मीटिंग इन आंदोलन वालों से करा दो। इनको भी समझ लें कि ये क्या चाहते हैं?"

"ठीक है सर, आज शाम को कोशिश करते हैं।" इतना कहकर एस.पी. ने फोन रख दिया।

शाम को मीटिंग का टाइम फिक्स हो गया था। एस.पी. बघेल ने

फोन कर रूप चंदर को बता दिया था। रूप चंदर ने बघेल को भी साथ चलने के लिए कह दिया था। शाम के वक्त दोनों वहाँ चल पड़े। "सर, वह मीटिंग एक प्राइवेट जगह पर है," बघेल गाड़ी के चलते ही बोला।

"ठीक है, उधर से कौन-कौन होगा मीटिंग में," रूप चंदर बोला।

"वो मैडम, शारदा आटेकर, साथ में राइटर परीनिती राय भी मौजूद होंगी। कोई वकील भी होंगे।"

"ओ.के.।" चंदर ने कहा।

गाड़ी एक सुनसान-से इलाके में पहुँच गई। बघेल और चंदर भी अपनी सरकारी गाड़ी में नहीं थे, वो दोनों भी एक प्राइवेट गाड़ी में ही इस जगह तक आए थे। एक बड़े से गेट के अंदर गाड़ी पहुँच गई। अंदर बड़ा सा बँगला था। अंदर पहुँचते ही दरवाजे पर एक साँवला-सा आदमी खड़ा था। "नमस्कार," उसने दोनों हाथ जोड़कर अभिवादन किया। "जी, आइए," अंदर की ओर इशारा करते हुए उसने कहा। अंदर बड़े से ड्राइंगरूम में शारदा आटेकर, परीनिती राय और बड़े वकील खरदूषण और एल्विन फर्नांडिस बैठे थे। दोनों के वहाँ पहुँचते ही चारों ने खड़े होकर उनका अभिवादन किया।

"आप हम जैसे लोगों को मिलने आए, यह हमारा सौभाग्य है।" आटेकर ने कहा।

"जी, आपके बारे में बहुत सुना है, आप सोशल कॉज के लिए इतना कर रही हैं तो हम प्रशासन के लोगों को तो आप लोगों से मिलना ही चाहिए।" चंदर ने जवाब दिया।

"देखिए, मैं सीधे पॉइंट पर आता हूँ," चंदर ने एकदम से बात को मोड़ दिया। इतने में वो साँवला आदमी सिंगल माल्ट व्हिस्की की एक बोतल और गिलास लेकर आ गया था। साथ में खाने के स्नैक्स भी थे। इस बात को इग्नोर करते हुए चंदर ने बोलना जारी रखा—

"आपको अपना यह आंदोलन थोड़ा धीमा करना होगा। हम भी

अपनी ओर से आपको पूरा सहयोग करेंगे। हम भी ध्यान रखेंगे कि प्रोजेक्ट के चक्कर में लोगों को नुकसान न हो जाए।" आटेकर को लगा कि उसके मुँह की बात छीन ली, तब तक पैग तैयार हो चुके थे।

"ठीक है, जब भी किसी मुद्दे पर मतभेद होंगे तो बैठकर हल निकाल लेंगे। ऐसा कहते हुए मैडम आटेकर ने चंदर को अंदरवाले कमरे में चलने का इशारा किया। अपना गिलास उठाते हुए चंदर भी अंदरवाले कमरे की ओर चल पड़ा।

"आप लोग बैठिए! मैं जरा कलेक्टर साब से कुछ बात करके आती हूँ।" आटेकर ने बाकी बैठे लोगों से कहा।

अंदरवाले कमरे में दो कुरसियाँ आमने-सामने लगी हुई थी। बीच में एक छोटी सी टेबल थी। उन कुरसियों पर बैठते ही चंदर बोला, "मुझे मैसेज आ गया था। इसलिए वो धीरज सोनी को मैंने टाइट कर दिया है।"

"हाँ, मुझे भी आपके यहाँ के ऑर्डर के बारे में बता दिया गया था, बस मैं आपका ही इंतजार कर रही थी कि कब आप जॉइन करेंगे, अब तो आप आ ही गए हैं तो प्लान के हिसाब से चलेंगे, बस उस सोनी और कॉन्ट्रैक्टर को थोड़ा सँभालना होगा।" मैडम ने एक घूँट लेते हुए कहा।

"मैडम, बघेल को मैंने पहले ही टाइट कर दिया है तो सोनी और कॉन्ट्रैक्टर क्या कर लेंगे।" चंदर ने थोड़ा तड़ी मारते हुए कहा।

"ठीक कह रहे हैं आप।" आटेकर ने चंदर की बात का समर्थन किया।

"वो बस 50 एन.जी.ओ. बनवा लें, ताकि वो फंड आए तो सबको मिल जाए।" चंदर ने कहा।

"वो आदिवासियों के स्कूल के नाम NGO को कुछ जमीन भी देनी थी। पिछलेवालों ने अभी तक ऑर्डर नहीं किए थे।" मैडम ने एक और घूँट लेते हुए कहा। इतना सुनते ही चंदर के चेहरे पर मुसकान आ गई।

मुसकराते हुए चंदर बोला, "उसकी चिंता आप मत करिए, बस

आंदोलन को और तेज करिए, ताकि हम यहाँ प्रशासन और सरकार को धीमा कर सकें।" इतना कहते ही दोनों ने जोरदार ठहाका लगाया। थोड़ी देर में गिलास खाली हो गया था। चंदर ने मैडम को इशारा किया और दोनों वापस बाहर आ गए, जब तक वो बाहर पहुँचे तो बघेल के सामने एक बड़ा सा लिफाफा पहुँच चुका था, लेकिन दोनों ने उस लिफाफे को इग्नोर कर दिया।

अगली सुबह प्रोजेक्ट साइट पर 10 गाँवों के लोग पहुँच चुके थे। उनके हाथ में नदी बचाओ के पोस्टर थे। वो लोग साइट के मेन गेट पर धरना देकर बैठ गए। धरने की वजह से प्रोजेक्ट पर चल रहा काम रुक गया। शाम को यह खबर कलेक्टर रूप चंदर को भी मिल गई थी। वो मन-ही-मन सोच रहा था कि चलो, अब जो वो गोरा बोला था, वो कुछ हद तक हो जाएगा। उसे याद आ गया कि गोरे ने उसे कहा था कि तुम्हारी सरकार एक डैम बना रही है, अगर यह डैम बन जाता है तो यहाँ के लोग समृद्ध हो जाएँगे, फिर हमारे स्कूलों और अस्पतालों में लोग कम आएँगे। और हमारी रोशनी की राह पर चलने के लिए लोग नहीं आएँगे, इसलिए आदिवासियों का गरीब ही रहना जरूरी है। चंदर को याद है, उसके बाद एक आदमी ने मैडम आटेकर और उनके साथियों के बारे में बताया था, साथ में कहा था कि तुम्हारे इंडिया पहुँचते ही तुम्हें खरगौन का कलेक्टर बनाकर भेज दिया जाएगा, अब वो समझ चुका था कि यह खेल कितना बड़ा है। अगले कुछ दिनों में ही धीरज सोनी समझ चुका था कि अब जल्द ही उसका तबादला हो जाएगा। हुआ भी ऐसा ही, धीरज को अगले हफ्ते ही कवर्धा जाने का हुक्म मिल गया।

इसके बाद तो पूरे प्रोजेक्ट पर ही जैसे अब रूप चंदर का कब्जा हो गया था। खुद मुख्यमंत्री कई बार उससे इस प्रोजेक्ट के बारे में मिल चुके थे। रानी साहिबा भी उसकी पीठ थपथपा चुकी थीं। इस बीच वो लगातार आटेकर और उसकी टीम से भी मिलते रहे। सबने मिलकर इस पूरे

प्रोजेक्ट को कई साल पीछे धकेल दिया। इससे वो बूढ़ा गोरा भी काफी खुश हुआ। इस बीच 50 से ज्यादा नए एन.जी.ओ. भी खड़े हो गए थे!

इसके बाद रूप चंदर को एक प्रोजेक्ट के लिए विदेश में भेज दिया। इस बीच एक दिन उस बूढ़े गोरे का मैसेज चंदर को आया, बूढ़ा गोरा उसके काम से बहुत ही खुश था, उसने कहा कि चंदर को अपने एक खास आदमी से कहलवाया था कि अब चंदर को इनाम देने का वक्त आ गया है, तुम अब दिल्ली जाओ और वहाँ हमारे लिए जमीन तैयार करो। तुम पूरे देश में एन.जी.ओ. का नेटवर्क खड़ा करो, क्योंकि आनेवाले समय में उनकी भूमिका बहुत महत्त्वपूर्ण होनेवाली है। विदेशों में घूमो और लोगों को इकट्ठा करो। इस पर चंदर ने उस मैसेंजर से पूछा "क्या मुझे नौकरी छोड़ देनी चाहिए।"

इस पर गोरे आदमी के मैसेंजर ने कहा कि "नहीं, अभी उस कुरबानी का वक्त नहीं आया है।"

"नौकरी तो छूटेगी, लेकिन उस शहादत का वक्त और मौका हम तय करेंगे।"

इसके बाद ही रूप चंदर की विदेश में पोस्टिंग से दिल्ली वापस जाने का ऑर्डर आ गया, अब उन्हें एक महत्त्वपूर्ण जगह जॉइन करने के ऑर्डर आ गए, जहाँ जॉइन करने के बाद अब वो अधिकारियों की ट्रेनिंग के काम में लगे हुए हैं। ये जगह पहाड़ों पर थी।

इस बीच मध्य प्रदेश से सटे व डेम के निर्माण में संयुक्त भागीदार राज्य गुजरात में एक बड़ा बदलाव हो गया था। वहाँ नया मुख्यमंत्री आया। इसको लेकर रानी साहिबा और उनके चमचे काफी परेशान हो गए थे। रानी साहिबा ने एक खास आदमी को इसकी जानकारी के लिए लगाया था। उस एडवाइजर ने काफी खोजबीन के बाद रानी साहिबा को बताया कि यह आदमी डैम प्रोजेक्ट के लिए बहुत ही खराब है। यह डैम बनवाकर रहेगा और इसको खरीदा भी नहीं जा सकता है। इस बीच

गुजरात में डैम का काम तेज होने लगा।

एक दिन वो बूढ़ा गोरा आदमी भारत के अखबार पढ़ रहा था। उसमें गुजरात में एक ट्रेन जलाने की ख़बर थी, जो कि श्रद्धालुओं से भरी हुई थी। एक ट्रेन जलाई गई। इसके बाद ही दंगे शुरू हुए। इसके बाद गोरा आदमी चंदर को फोन लगाता है। चंदर इस बीच बड़े अधिकारियों के सबसे बड़े संस्थान में मीटिंग ले रहा है और कह रहा है—

"हम जिस विचार को लेकर चलते हैं, उस विचार में बुलेट या बैलेट किसी भी कीमत पर सत्ता को पाने के काम में लगे रहते हैं। सत्ता हमारे लिए एक टूल है। जिसके माध्यम से हम लोगों को अपने विचार के अनुसार ढाल सकते हैं। डेमोक्रेसी केवल एक छलावा है। इस जैसे देश में जहाँ पैसों, साड़ी, शराब की बोतल के बदले वोट खरीद सकते हैं तो ऐसे में डेमोक्रेसी का कोई मतलब नहीं है। हम लोग इतनी मेहनत करके यहाँ पहुँचे हैं। हम हमेशा सत्ता में रहेंगे। इस संस्थान में रहते हुए मैंने वैचारिक सहमतिवाले सभी फैकल्टी मेंबर और देश भर की सभी यूनिवर्सिटी और पार्टी के विचारकों को यहाँ स्थापित कर दिया है, अब आप लोगों के ऊपर यह जिम्मेदारी है कि अगले 50 सालों में यहाँ से जो अफसर निकलें, वो हमारी विचारधारा के हों, लेकिन इतना ध्यान रहे कि इस देश में जब भी ताकत का इस्तेमाल करना हो तो उसके ऊपर अहिंसा का लबादा लपेट देना है। बिल्कुल इस तरह इतना बोलने के साथ उसने एक लाल रंग की पुस्तक निकाली, दुनिया भर के हिंसक आंदोलनों पर थी, और उस पुस्तक को एक लिफाफे में रखा जिस पर गांधीजी और उनका चश्मा बना हुआ था। इतने में एक चपरासी भागते हुए कमरे में दाखिल हुआ।

"साहब, आप फोन दफ्तर में छोड़ आए थे, एक फोन बड़ी देर से आ रहा है।" चंदर ने देखा कि विदेश से एक फोन नंबर से कई बार फोन आ चुका था। उसने तुरंत कॉल बैक किया।

उधर से आवाज आई, "चंदर, तुमने आज की खबरें पढ़ीं क्या?"

आवाज सुनकर चंदर को समझ आ गया कि कौन बोल रहा है।

"जी सर पढ़ी हैं, वो गुजरातवाली घटना में हमें कुछ करना चाहिए।" चंदर बोला।

"तुमने बिल्कुल सही पहचाना माई सन, अब तुम्हारी नौकरी की शहादत का वक्त आ गया है, तुरंत अहमदाबाद में एक कैंप ऑफिस डालो और हाँ, फंडिंग के लिए बच्चों वाले एन.जी.ओ. की डिटेल क्रिस्टिनों को भेज दो।" इतना कहकर उधर से फोन कट गया।

इसके बाद तुरंत बाद चंदर पहाड़ा की हसीन वादियों से निकलकर सीधा दिल्ली पहुँचे। वहाँ आनन-फानन में एक प्रेस कॉन्फ्रेंस बुलाई गई। इससे पहले चंदर ने अपना इस्तीफा सौंप दिया था। प्रेस कॉन्फ्रेंस में चंदर ने कहा कि गुजरात में अल्पसंख्यकों के लिए मेरा दिल बहुत रोता है, इसलिए मैंने इस्तीफा दिया है। इसपर एक पत्रकार ने सवाल पूछा, "आप तो मध्य प्रदेश कैडर के हो, फिर गुजरात के मामले में आप इस्तीफा क्यों दे रहे हैं?"

बड़े सोच-विचार के बाद चंदर ने कहा, "गुजरात में जो हुआ बुरा हुआ, ये घटनाएँ देश में बड़े परिवर्तन की राह बनाएँगी और यह इस्तीफा मेरी अंतरात्मा की आवाज है। मैं सरकार में बदलाव के लिए अपना मूवमेंट शुरू करूँगा।" यह सवाल इस प्रेस कॉन्फ्रेंस का आखिरी सवाल था, इसके बाद रूप चंदर वहाँ से निकल गया।

साल 2004 था और मौलाना आजाद रोड, मानसिंह रोड और जनपथ रोड का कुछ हिस्सा बंद था, क्योंकि अकबर रोड पर हर तरफ जश्न का माहौल था, लेकिन इस माहौल में भी चंदर परेशान था। वो बार-बार उस बूढ़े गोरे को फोन लगा रहा था, लेकिन फोन नहीं उठ रहा था। परेशान होकर वो क्रिस्टिनो को फोन लगाता है, क्रिस्टिनो फोन उठाकर इससे पहले कि कुछ बोलता कि चंदर ने बोलना शुरू कर दिया।

"क्या इस दिन के लिए मुझसे इतनी मेहनत करवाई थी। क्या इस दिन के लिए हमने दशकों तक लड़ाइयाँ लड़ीं।" चंदर ने जोर से फोन पर कहा।

इधर क्रिस्टिनो कुछ जवाब देता तो इससे पहले ही उसके साथ ही बैठा हुआ गोरा बूढ़ा आदमी क्रिस्टिनो के हाथ से फोन ले लेता है। "पेशन्स माई चाइल्ड, असली ताकत रानी के ही हाथ में रहेगी।"

चंदर ने थोड़ा रुककर फिर एक सवाल दागा, "बट सर, हाउ इट इज पॉसिबल ?"

"चंदर, वी आर टू ले न्यू सिस्टम, हम यहाँ व्यस्थाएँ बनाने के लिए हैं, जो आदमी गद्दी पर बैठा रहा है, वो भी तुम्हारी तरह हमारा अपना ही आदमी है। वो तुम्हारी ही तरह मेरा वफादार है, लेकिन तुमसे ज्यादा समझदार है, अब अपना अच्छा वक्त आया है, तुम्हें भी मौका मिलेगा।"

उधर से गोरा, चंदर के लिए पूरा प्लान तैयार किए हुए था, "अब तुम देश भर से 10 हजार बच्चों को तैयार करने का काम करो, जो हमारे मूवमेंट को अगली जनरेशन तक ले जाएगा। हमारा काम सरकारें बनाना और गिराना नहीं है। हमारा काम पूरी दुनिया में अपना राज कायम करना है, जैसे टूलकिट का इस्तेमाल तुम करते हो, वैसे ही उन बच्चों को टूलकिट से चलनेवाला बनाना है।" इतना कहकर फोन कट गया।

अब रूप चंदर रानी के पास जाती है। वहाँ सरदार भी बैठा था, जिसको लेकर चंदर काफी परेशान था। "हाउ आर यू चंदर," रानी ने चंदर को देखते हुए पूछा।

"आई एम फाइन रानी साहिबा," चंदर ने जवाब दिया।

"कहो, कैसे आना हुआ ?" रानी ने पूछा।

"मैडम, आपको तो पता है कि मैं अलग ढंग से काम करता हूँ। मैंने देश में 50 जगह ढूँढ़ ली हैं। चिल्ड्रन होम बनाकर बच्चों को ट्रेनिंग देंगे, हमें हमारे संघर्ष के रास्ते को आगे बढ़ाना है। इसके लिए दिल्ली में

हेडक्वार्टर के लिए जगह चाहिए। जिसके लिए मैंने एक जगह चुन ली है। आप लीलाजी को बोल दीजिए कि मुझे वो जगह दिला दें।"

रानी साहिबा के कहने के बाद लीला ने चंदर को वो हेडक्वार्टर के लिए महरौली में बिल्डिंग दिलवा दी थी। चंदर ने एक सतरंगा फाउंडेशन बना लिया था। पहले चरण में महारानी के हेडक्वार्टर वाले चिल्ड्रन होम में करीब 150 से ज्यादा बच्चों के लिए खाना-पढ़ाई का इंतजाम कर लिया गया था। यह सारा काम करने का जिम्मा रॉबिन के पास था, इस हेडक्वार्टर सहित सभी होम में क्या होना है, कैसे होना है, ये सारे कामकाज पूरी तरह से कमेटी के नाम पर रॉबिन के जिम्मे ही रहते हैं।

जैसे ही महरौली वाली बिल्डिंग रूप चंदर के एन.जी.ओ. के हवाले हुई थी, ठीक उसके अगले दिन होम पर कुछ लोग दो ट्रक सामान के साथ पहुँच गए थे, जहाँ छत पर टीन के शेड बने हुए थे। उनको पोर्टा केबिन के कमरों में तब्दील किया जाने लगा। सामान के साथ-साथ रॉबिन भी वहाँ पहुँच गया था।

"अरे रॉबिन सर, आप बोल देते तो मैं ही आ जाता।" लियाकत अली बोला। लियाकत रॉबिन का आदमी था, जो कि सारा एडमिन देखता था। "लियाकत, यह ऊपर का काम कल शाम तक खत्म करवा देना, पाँच लोग आएँ हैं। फटाफट से दो रूम बन जाएँगे, फिर परसों तक बच्चे भी आ जाएँगे।"

रॉबिन ने लियाकत अली के अभिवादन को नजरअंदाज कर कह, "सर, वो सी.डब्ल्यू.सी. वाले आए थे, इंस्पेक्शन के लिए।" लियाकत ने जैसे ही यह बताया तो रॉबिन के चेहरे पर तनाव आ गया।

रॉबिन ने तुरंत फोन निकाला और एक नंबर डायल किया। फोन उठते ही रॉबिन बोला, "कांताजी, महरौली में हमको अपना हेडक्वार्टर बनाना है। वो सी.डब्ल्यू.सी. वाले कुछ परेशान कर सकते हैं। वो आप बात कर लीजिए।"

इतना सुनना था कि कांताजी ने तुरंत कहा, “नहीं-नहीं, वो उनको (सी.डब्ल्यू.सी. वालों को) पता नहीं होगा कि यह प्रोजक्ट किसका है रूप चंदरजी का हम सभी सम्मान करते हैं। इसलिए ही चले गए होंगे। मैं अभी बोल देती हूँ। आपको कोई परेशान नही करेगा। आप आराम से काम करें।” अभी तक चंदर भी सरका को सलाह देनेवाली एक ऐसी सरकारी संस्था का सदस्य बन चुका था जो कि बूढ़े गोरे आदमी के इशारे पर सरकार चलाने का काम करती थी, इस सलाहकार समीति पर रानी साहिबा पर सीधा नियंत्रण था। इतना सुनकर रॉबिन के चेहरे पर मुसकान आ गई।

फोन कटते ही रॉबिन अभी खुश हो ही रहा था कि लियाकत ने उसे खुशी से बाहर लाते हुए कहा, “रॉबिन सर, वो बाथरूम के दरवाजे भी लगवा दो। उनके पल्ले अभी तक नहीं आए हैं।”

“हाँ ठीक है, वो भी हो जाएगा, तुम्हें अभी जो काम बोला है, उसपर ध्यान दो।” रॉबिन ने कड़े शब्दों में लियाकत से कहा। इसके बाद रॉबिन एक लिफाफा लियाकत के हाथों में देकर चला गया। लियाकत इन दोनों होम का केयरटेकर होने के साथ-साथ देश के बाकी होम को भी देखता है।

लिकायत ने बाकी लोगों के साथ मिलकर दोनों बिल्डिंग में काम पूरा करा लिया था, उसमें कुछ ऊपर के कमरे भी तैयार हो गए थे, अब अगले दो-तीन दिनों में और भी बच्चे आ गए थे। इसी प्रकार, चिल्ड्रन होम एवं ट्रेनिंग सेंटर चलते हुए कुछ अरसा बीत गया।

इस होम में नया-नया पहुँचा 12 साल का अरमान एक गरीब परिवार का लड़का था। अपनी क्लास में हमेशा अव्वल आनेवाले अरमान की माँ ने पैसे की कमी के कारण उसे इस होम में भेज दिया। अरमान का पहला ही दिन था, सुबह उसके होम में आने के बाद उसे कुछ कपड़े दिए गए। साथ ही उसको नए वाली डोरमेटरी में जाने के

लिए कहा गया। उस डोरमेटरी में उन्हीं के साथवाले कमरे में बड़े लड़के भी रहते थे, पहली ही रात को अरमान के साथ जो हुआ, उसने पूरे होम में तहलका मचा दिया। रात को कुछ बड़े लड़कों ने अरमान की रैगिंग के नाम पर उसके साथ यौन छेड़खानी कर दी। अरमान डर के मारे उस समय तो नहीं बोला, लेकिन सुबह उसने पूरी घटना केयरटेकर को बता दी। अरमान बहुत डरा हुआ था, उसने रोते-रोते जो बयाँ किया, वो सबको पता चल गया था, हालाँकि यह कोई पहला मौका नहीं था, जब किसी बड़े लड़के ने किसी नए लड़के के साथ ऐसा किया हो। इससे पहले होम में तीन बार रेप हो चुका था।

"ललित, मैंने तुझे पहले ही कहा था कि ऊपरवाले रूम में बड़े लड़कों को मत सुलाना, लेकिन तूने मेरी बात नहीं मानी।" लियाकत ने गुस्सा करते हुए कहा।

"सर, मैं क्या करूँ, दो कमरों में 30 नए बच्चों को कहाँ सुलाता, नीचे तो पहले ही सारे बेड भरे हुए हैं, कुछ लड़के तो नीचे भी सोते हैं। जिस लड़के ने यह किया है, उसे वापस भेज दिया गया है," ललित ने कहा।

"वो तो ठीक है ललित, लेकिन अब क्या करें? उस लड़के को तो वापस भेज दिया है, लेकिन अब इस अरमान को सँभालना पड़ेगा। उसकी माँ तक यह खबर न पहुँचे, कुछ दिन इसे इसकी माँ से नहीं मिलने देना।" लियाकत ने ललित को निर्देश दिया।

इस बीच अरमान की माँ कई बार उससे मिलने होम आ चुकी थी, लेकिन होमवालों ने उसे बार-बार बहाना बनाकर अरमान से मिलने नहीं दिया।

"आप लोग मुझे मेरे बेटे से मिलने क्यों नहीं दे रहे हो," अरमान की अम्मी आज फिर महरौली के होम के गेट पर पहुँच गई थी। वहाँ पहुँचकर उसने गार्ड को तेज आवाज में कहा।

तेज-तेज आवाज सुनकर लियाकत नीचे आ गया था। बिना कुछ

पूछे उसने कहना शुरू कर दिया, "देखिए मैडम, पहले तो आपने जबरदस्ती अपने बेटे को होम में भेजा, अब थोड़े दिन उसको यहाँ रहने दीजिए, तभी तो वो यहाँ रहने के लिए तैयार हो पाएगा, अब आप रोज-रोज यहाँ आएँगी तो वो कहाँ से यहाँ रह पाएगा। आप चाहें तो अपने बेटे को यहाँ से ले जाएँ।" इससे अरमान की अम्मी पर कुछ दबाव पड़ा।

"लेकिन आप उससे मिलवा तो दो।" अरमान की अम्मी ने जोर देकर कहा।

"हाँ वो मिलवा देंगे। आप 15 दिन के बाद आना," लियाकत ने जवाब दिया।

इधर पिछले कई सालों से चंदर ने मेहनत कर 50 से ज्यादा चिल्ड्रन होम खड़े कर लिये थे, लेकिन 10 सालों के बाद अब सत्ता बदल गई थी। रानी साहिबा के हाथों से सत्ता जा चुकी थी। रानी साहिबा का दरबार लगा हुआ था। चंदर को रानी साहिबा ने मिलने के लिए बुलाया था। सिक्योरिटी वाले चंदर की गाड़ी को पहचानते थे। लिहाजा चंदर की गाड़ी सीधी अंदर चली गई। दरवाजे पर भी खड़ा चपरासी तुरंत दरवाजा खोलकर नमस्ते करने लगा। अंदर पहुँचते ही जोजफ उस बड़े हॉल के दरवाजे पर ही खड़ा था। उसने चंदर को अंदर भेज दिया।

"हैलो चंदर, हाउ आर यू," हमेशा की तरह रानी साहिबा ने चंदर को देखकर स्माइल करते हुए पूछा।

"आई एम फाइन मैडम," चंदर ने जवाब देते हुए कुरसी खींची और उसपर बैठ गया। मीटिंग में पार्टी के कई बड़े नेताओं के साथ सरदार भी बैठे थे।

"चंदर, हाऊ आर यू प्लानिंग नाऊ?" मैडम ने घड़ी देखते हुए चंदर से सवाल किया।

"मैडम, मैंने 10 हजार बच्चों का एक नेटवर्क खड़ा कर दिया है। 50 से ज्यादा होम पूरे देश में हो गए हैं। इन बच्चों को जो ट्रेनिंग दी जा

रही है, वो समय आने पर हमारे लिए कैडर की तरह काम करेगी।"

"दैट्स गुड चंदर," इतना कहकर मैडम उठ गई।

"आई हैव टू गो टू डॉक्टर, अपडेट मी चंदर।" इतना कहकर मैडम उठकर चली गई और मीटिंग खत्म हो गई।

विदेशी ऐजेंसी के साथ रूप चंदर के रिश्तों की वजह से ही चंदर का अपना एक बड़ा एन.जी.ओ. नेटवर्क खड़ा हो गया था। इस बीच नागरिकता कानून को लेकर एक वर्ग विशेष ने आंदोलन शुरू कर दिया और उसमें चंदर जैसे बाकी एन.जी.ओ. वाले लोग भी उसमें कूद पड़े।

अपने नेटवर्क के साथ चंदर भी आंदोलन को सहयोग कर रहा था। इसी को देखते हुए एक दिन वो चिल्ड्रन होम में भाषण देने पहुँचता है, जो कि उसके सभी 50 होम में लाइव दिखाया जाता है। चंदर के साथ एक टीम थी, जिसने अपना कैमरा सेट कर उसके भाषण को सभी चिल्ड्रन होम में लाइव दिखाना शुरू कर दिया। चंदर ने बोलना शुरू किया, "बच्चो, मैंने इस देश में अमन के लिए अपनी नौकरी छोड़ दी है। तुम्हें मालूम नहीं है कि सरकार तुम्हारी नागरिकता खत्म कर रही है। क्या तुम्हें पता है कि तुम्हें 20 तरह के कागज दिखाने पड़ेंगे। तुम्हारे पास तो डॉक्यूमेंट हैं ही नहीं, तुम्हें तो डिटेंशन कैंप में भेज दिया जाएगा।" यह सुनकर बच्चे डर जाते हैं।

एक बच्चा खड़े होकर पूछता है, "पापा, मेरे तो पापा-मम्मी भी यहीं पैदा हुए हैं तो हमारी कैसे नागरिकता खत्म हो जाएगी?"

यह सुनकर चंदर थोड़ा झेंप जाता है, वो थोड़ा गुस्से में बोलता है, "क्या तुम्हारे पास नागरिकता के 20 कागज हैं।" वो बच्चा इसका जवाब नहीं दे पाता, इसके बाद उस बच्चे को डाँटकर बिठा देता है।

इस बीच एक दूसरा बच्चा मुस्तफा खड़े होकर बोलता है, "रूप पापा, मेरे मम्मी-पापा से पास तो मकान भी है तो क्या सरकार वो भी हमसे छीन लेगी?"

बच्चों के इन सवालों से चंदर गुस्से में आ गया था। उसने तेज आवाज में बोलना शुरू किया, "मैंने बता दिया है न कि हमें सरकार से लड़ना है।"

"मैं तुम्हें वहाँ नाली के कीड़ों वाले जीवन से निकालकर यहाँ लाया, खाना दिया, रोटी, कपड़ा, पढ़ाई सब दिया, जब तुम सब मुझे पापा मानते हो तो मेरी बात पर यकीन करो।" फिर चंदर ने अचानक बोलना बंद कर दिया, जैसे कुछ सोच रहा हो। सामने रखे गिलास से उसने थोड़ा पानी पिया और फिर बोला, "क्या सब मुझे पापा मानते हैं? क्या पटना, आंध्रा, कोलकाता के बच्चे मुझे पापा मानते हैं?"

सबने एक आवाज में कहा, "हाँ पापा," इस आवाज को सुनते ही चंदर जोश में आ गया। उसने तकरीर शुरू कर दी। "तो फिर ध्यान रहे। हम इसी दिन के लिए पैदा हुए और हमें ये ही करना है। ये प्रधानमंत्री बैठा हुआ है न, ये मेरा और तुम्हारा दुश्मन है, मैं रहूँ या न रहूँ तो भी यह लड़ाई जारी रखनी है।" चंदर के इस तकरीर जैसे भाषण का बच्चों पर बड़ा असर पड़ा। चंदर की बातों पर अब बच्चों को भरोसा हो गया था और वो इस आंदोलन के खिलाफ बातें करने लगे थे। इधर चंदर का पटनावाला चाइल्ड होम इस नागरिकता के आंदोलन में सबसे ज्यादा काम कर रहा था। इसलिए चंदर पटना वालों से काफी खुश था।

पटना के इस चाइल्ड होम में गीता पढ़ाई में सबसे होशियार है, लेकिन 10वीं में पढ़नेवाली गीता, अब नागरिकता की वजह से परेशान हो गई है। वो 12वीं में पढ़नेवाली अपनी मंजू दीदी से पूछती है, "दीदी, दो महीने बाद मेरे तो 10वीं के पेपर हैं, अगर एन.आर.सी. आ गया तो मेरे पास तो राशनकार्ड के अलावा कोई कागज भी नहीं। मेरे मम्मी-पापा के पास कागज हैं, लेकिन मेरे पास नहीं हैं, अगर मुझे डिटेंशन कैंप में भेज दिया तो क्या मैं पेपर दे पाऊँगी?" यह बोलते-बोलते गीता लगभग रुआँसी हो गई।

यह सुनकर मंजू बोली, "तो ठीक है, कल सुबह हम चलेंगे।

प्रोटेस्ट में जाकर हम इस कानून के खिलाफ काम करेंगे।"

इसके बाद चंदर ने लियाकत अली की ओर देखा और बोला, "मुझे 50-50 बच्चों की एक लिस्ट दे दो। उनको अगले कुछ दिनों में एक सामाजिक आंदोलन में भेजना है। पिछले हफ्ते तुम्हें वो सी.ए.ए. वाला कोर्स भेजा था न।"

लियाकत ने कहा, "जी, सर, मिल गया था, उसी पर बच्चों की रोज एक घंटे की क्लास हो रही है।"

"बहुत बढ़िया, बाकी होम को भी यह कोर्स भिजवा दो, अगले कुछ सालों तक हमें कम-से-कम 10 हजार बच्चे और तैयार करने हैं। जो कि हमारे टूलकिट के हिसाब से चलें।" चंदर ने कहा।

"जी सर, हमने सभी होमवालों को भेज दिया है, रोज हम वहाँ से फीडबैक ले रहे हैं। वो पटना में तो इसको लेकर वर्कशॉप भी हो गई है।" लियाकत ने बताया।

इसके बाद रूप चंदर वहाँ से जाने को हुआ तो लियाकत ने कहा, "सर, वो रेप केस के बारे में आपको बताया था। उस अरमान की अम्मी बड़ा परेशान कर रही है।" यह सुनकर चंदर ने बात को अनसुना कर दिया। इसके बाद रूप चंदर वहाँ से तेजी से निकल गया। दो दिन बाद महरौली के उस चाइल्ड होम के सामने दो बस आती हैं। साथ ही एक कार में रॉबिन भी पहुँचता है।

"लियाकत, वो बच्चे तैयार हैं," रॉबिन ने थोड़ी तेज आवाज में दूर खड़े लियाकत से पूछा।

"हाँ सर, बस नीचे आने ही वाले हैं।" थोड़ी देर में लड़कों की एक लंबी लाइन लगी हुई नीचे की तरफ आती है। लियाकत उनको बस की ओर जाने का इशारा करता है। इधर अरमान की माँ भी एक वकील महिला के साथ चाइल्ड होम के सामने पहुँच जाती है। उसे देखकर लियाकत बच्चों को जल्दी-जल्दी बस में चढ़ने के लिए कहने लगता है।

"कहाँ है मेरा बच्चा?" अरमान की माँ चिल्लाकर लियाकत से पूछती है। उसकी तेज आवाज सुनकर बस में बैठ रहे बच्चे रुक जाते हैं।

"कहाँ है मेरा अरमान, तुम उसे मेरे सामने क्यों नहीं लेकर आ रहे हो, क्या किया है मेरे बेटे का?"

इतने में एक वकील महिला भी आगे आ जाती है। "देखिए मिस्टर, आप किसी माँ को उसके बेटे से मिलने से नहीं रोक सकते। आप इस बच्चे को पढ़ाई के नाम पर यहाँ होम में लाए थे, लेकिन अब पिछले 15 दिनों से उस बच्चे का अता-पता नहीं है, यह कोर्ट का ऑर्डर है। बच्चे को तुरंत रिलीज करने के लिए।" इसपर लियाकत कुछ जवाब नहीं दे पा रहा था।

इतने में रॉबिन ने मोर्चा सँभाला, "मैडम, बच्चा बिल्कुल ठीक है, अगर ये अपने बेटे को ले जाना चाहें तो ले जा सकती हैं। एक फॉर्म भरना होगा, आप भरवा दीजिए और अपने बेटे को लेकर चले जाइए, ठीक है।"

इसके बाद अरमान की माँ और वो वकील फार्म भरने लगते हैं और इधर बस बच्चों को लेकर जंतर-मंतर के लिए निकल जाती है।

□

नीली साड़ीवाली दीदी

"मीरा, ओ मीरा, चल जल्दी नीचे आ जा, कुछ लोग आए हैं, मिलने के लिए," सिस्टर मिलिंडा ने हॉल के बाहर से आवाज लगाई।

"दीदी, खाना खा लूँ?" दुबली-पतली मीरा ने निवाला बीच में रोकते हुए पूछा।

"हाँ, जल्दी से खा ले और बाल ठीक करके नीचे आ जा, बाहर से कुछ लोग आए हैं। बाकियों,को भी बोल देना।" इतना कहकर सिस्टर मिलिंडा चली गई।

मीरा ने भी जल्दी-जल्दी खाना शुरू कर दिया। रोज की तरह आज भी दाल, चावल और टमाटर की चटनी के साथ मीरा हाथ चलाने लगी। आदिवासियों के इस इलाके में लोगों का मुख्य खाना ही यही है।

"चलो-चलो, सब जल्दी-जल्दी नीचे चलो, कोई मिलने आया हुआ है।" अकसर लोग बच्चों से मिलने यहाँ आते हैं, फिर सिस्टर उन्हें उन लोगों के सामने लेकर जाती है, ताकि विदेशों से चाइल्ड होम को पैसा मिल सके।

सब लड़कियाँ खाना खत्म कर नीचे मैदान की ओर चलने लगी थीं। मैदान में सफेद कपड़ों में एक अंग्रेज आया हुआ था, हाथ में क्रॉस लिये उस लंबे से व्यक्ति के साथ दो लोग और भी थे। जैसे-जैसे

बच्चियाँ आ रही थीं, वो अंग्रेज मुसकरा रहा था। वो बाकी दोनों लोगों के साथ बीच-बीच में बातचीत भी कर रहा था।

"ये फादर फ्रांसिस हैं, जो कि नीदरलैंड से आप लोगों से मिलने आए हैं।" सिस्टर मिलिंडा ने सभी लड़कियों की ओर देखकर कहा।

सभी लड़कियों ने फादर फ्रांसिस को गुड मॉर्निंग विश किया। "Good Moring Children, We are planning to build a new Hospital building here, where you girls can learn nursing, so you can earn and walk towards way of light."

यह सुनकर सिस्टर मिलिंडा ने कहा कि "तुम लोग नर्स की ट्रेनिंग ले सको, इसलिए हम यहाँ एक हॉस्पिटल बनाएँगे। फादर फ्रांसिस और मदर ने यहाँ के लिए बहुत कुछ किया है। हम लोगों के लिए बहुत कुछ किया है।" हाथ को सिर, छाती और दोनों हाथों के कंधों पर क्रॉस की तरह छूते हुए मिलिंडा ने कहा। इसपर कुछ बच्चियों ने भी वैसा ही

किया। जिन लड़कियों ने ऐसा नहीं किया था, उन लड़कियों की ओर सिस्टर मिलिंडा ने तीखी नजरों से देखा।

"ठीक है, अब आप लोग वापस जा सकते हैं," सिस्टर मिलिंडा आँखों से बच्चों को इशारा कर बोली, "Well father, there is huge tribe population here, we need some more funds to build hospitals, specially for women, to show them ray of light." सिस्टर मिलिंडा ने फादर फ्रांसिस के साथ ऑफिस की तरफ चलते हुए कहा।

इस चिल्ड्रन होम में वो लड़कियाँ रहती हैं, जो कि प्रेगनेंट होती थीं, अकसर बलात्कार या फिर किसी लड़के के प्रेम में पड़कर जो लड़कियाँ प्रेगनेंट हो जाती थीं, फिलहाल यहाँ 50 लड़कियाँ थीं। सभी लड़कियाँ धीरे-धीरे अपनी-अपनी डोरमेटरी में पहुँच रही थीं। दोपहर का वक्त था, लिहाजा सभी थोड़ा आराम करने के मूड में थीं।

"ये सिस्टर मिलिंडा क्यों जबरदस्ती क्रॉस बनवाने में लगी रहती हैं।" मीरा ने रेनू से कहा।

मीरा और रेनू दोनों आसपास के गाँव की रहनेवाली थीं। दोनों की कहानी भी एक ही जैसी थी। इसलिए दोनों अकसर साथ ही रहती थीं। दोनों के साथ हुआ भी बहुत ही बुरा था। मीरा ने कहा, "ये सिस्टर मुझे बहुत ही बुरी तरह से देखती है। उनको लगता है कि हम भी बाकियों तरह क्रॉस बनाने लगेंगी।" तीन महीने पहले ही दोनों एक-दूसरे शेल्टर से वापस आई हैं। दोपहर का वक्त था, बच्चा डिलीवर करने के कारण उसकी छातियों में दूध आ रहा था तो वो नीचे एक कमरे में जाकर उस दूध को निकालने चली गई।

ग्राउंड फ्लोर में एक बड़ा सा कमरा था, इनमें ही मीरा और रेणु के साथ-साथ तीन लड़कियाँ और जाती थीं। यह एक ऐसा कमरा था, जिसमें सिर्फ उन लड़कियों को ही आने की आजादी थी, जो कि दूसरे

चिल्ड्रन होम से यहाँ बच्चा डिलीवर कराने आती थीं। इस कमरे में वो एक माँ बनने के बाद होनेवाली सभी गतिविधियों को कर पाती थीं, जैसे कि अपने दूध को निकालना। यहाँ पंप रखा रहता है, जिससे मीरा और दूसरी लड़कियाँ अकसर यहाँ आकर अपनी भरी हुई छातियों को हलका कर लेती थीं। अपनी छातियों को दबाते हुए उससे निकली हुई बूँदों को मीरा निहार रही थी। हर बूँद के साथ मीरा के चेहरे पर उदासी का भाव आ रहा था। अपने बच्चे की डिलीवरी के बाद भी आज तक उसे यह अहसास ही नहीं हुआ कि वो माँ भी बनी है, बस यहाँ जब दूध निकाल रही होती है तो ही उसे अपने बच्चे की याद आती है। हर बूँद के साथ उसे याद आ जाता है कि कैसे वो सिर्फ एक झलक ही देख पाई थी, उसे तो ये भी नहीं पता चल पाया कि वो लड़का था या लड़की और वो नीली साड़ीवाली उस बच्चे को उसकी गोदी से छीनकर ले गई। यह सोचते-सोचते मीरा की आँखों से आँसू टपकने लगे।

होम के बड़े से गेट में घुसते ही मैदान के बाद सामने की दीवार पर एक बड़ी सी तसवीर लगी थी। जिसमें एक उम्रदराज महिला ने सफेद रंग की साड़ी पहनी थी। जिसपर नीले रंग की पट्टियाँ थीं। इन मदर का पूरी दुनिया में बहुत सम्मान है। अंदर एक गैलरी है। जिसके आमने-सामने कुछ कमरे बने हैं। इनमें से सबसे पहले कमरे में सिस्टर मिलिंडा का कमरा है।

"मरियम, क्या पोजिशन है, इस महीने तो कोई लड़की है ही नहीं, जो डिलीवरी लायक हो। हाँ, पिछले महीने तो हमारे यहाँ पाँच लड़कियाँ थीं, जो कि दिल्ली से रेस्क्यू में आई थीं।" इतने में मरियम मैडम कमरे में आ गई।

"मैडम, वो मेहतो आया है।" मरियम ने कमरे में घुसते ही कहा।

"ठीक है, बुलाओ," मिलिंडा ने कुछ सोचते हुए कहा। मरियम ने कुरसी पीछे खिसकाई और तेजी से कदम बढ़ाते हुए बाहर निकल

गई। मेन गेट से एक सफेद रंग की इनोवा कार अंदर आ रही थी। गाड़ी के अंदर मेहतो बैठा हुआ था। उनके साथ ही दो लोग और भी बैठे थे। मेहतो को देखते ही चौकीदार ने सैल्यूट किया। गाड़ी अंदर तक पहुँच गई। केयरटेकर ने भागकर गाड़ी का दरवाजा खोला। साँवले रंग का मेहतो अकसर यहाँ आता है। आँखों पर मोटा सा चश्मा लगाए मेहतो छोटी-छोटी दाढ़ी भी रखता था। इतने में ही सिस्टर मरियम भी बाहर आ गई थी। मेहतो ने गाड़ी का दरवाजा बंद करने से पहले एक बैग निकाल लिया। बैग देखते ही सिस्टर मरियम की आँखें चमक गई थीं।

"गुड मॉर्निंग मेहतो, प्लीज कम इन, सिस्टर मिलिंडा इज वेटिंग," एक ही साँस में सिस्टर मरियम ने हाथ से आगे चलने का इशारा देते हुए कहा।

"ओके, मरियम दे बोथ आर अवर गेस्ट, टेक केयर ऑफ देम," इतना सुनते ही केयरटेकर जोजफ ने तुरंत उन दोनों को दूसरी दिशा में चलने का इशारा कर दिया। मेहतो अब मरियम के साथ सिस्टर मिलिंडा के कमरे की ओर चल पड़ा।

"गुड मॉर्निंग, मेहतोजी, कैसे हैं आप?" सिस्टर मिलिंडा ने पूछा।

"मैं ठीक हूँ," सुनील मेहतो ने कुरसी खींचते हुए कहा। इसके साथ ही उन्होंने कुछ बोलने से पहले ही टेबल पर वो बैग रख दिया।

"सिस्टर, ये पाँच लाख हैं, पिछली बार जो पाँच केस भेजे थे, वो सब सॉल्व हो गए हैं।" सुनील मेहतो की बात सुनकर मिलिंडा के होंठों पर मुसकराहट आ गई। फट से बैग को उठाकर अपनी कुरसी के नीचे रख लिया।

"बोलिए मेहतोजी," मेहतो की ओर देखते हुए सिस्टर मिलिंडा बोली।

"तीन केस हैं," मेहतो बोला।

"मेहतो, मेरे यहाँ अभी कोई ऐसी प्रेगनेंट लड़की नहीं है, जो कि इस महीने बच्चा डिलीवर करेगी," फिर थोड़ा रुककर बोली, "लेकिन

हाँ, दो दिन पहले दिल्ली के इलाके में रेड हुई है। वहाँ से कुछ लड़कियाँ हो सकती हैं जो हमारे शेल्टर में आएँगी। वहाँ से कमेटी के एक सदस्य ने बताया है जो मेडिकल में तीन लड़कियाँ प्रेगनेंट निकली हैं, जिनमें से दो लड़कियाँ बच्चा डिलीवर करने की स्टेज में हैं, अगर वो तीन दिनों में यहाँ आती हैं तो इस महीने या अगले महीने में आपको दो बच्चे मिल जाएँगे। आप चाहें तो अगले तीन-चार दिनों के बाद हम आपको कन्फर्म कर देंगे।" सिस्टर मिलिंडा ने कॉन्फिडेंस के साथ मेहतो से कहा।

आज शनिवार है, कल छुट्टी है और रविवार को सारी लड़कियाँ गिरजा में प्रार्थना के लिए जाती हैं। लिहाजा मीरा, रेणु और बाकी लड़कियाँ अपने-अपने कपड़े धो रही थीं। मीरा को याद आ गया कि कैसे वो पैसे कमाने दिल्ली गई थी। उसके पिता ने उनके दूर के एक रिश्तेदार के साथ दिल्ली भेजा था। वहाँ एक बड़े बिजनेसमैन के घर पर उसे नौकरी मिल गई थी। जहाँ उसे अच्छा खाने को और पहनने को मिलता था, लेकिन मीट की फैक्टरी चलानेवाले कुरैशी अंकल एक दिन घर में कोई न होने पर उसपर टूट पड़े और उसके साथ जबरदस्ती की। आज भी मीरा उस दिन को सोचकर काँप जाती है, लेकिन बाद में तो यह रोज रात की कहानी बनने लगी। एक दिन मौका पाकर मीरा वहाँ से भाग गई। किसी तरह से रेलवे स्टेशन पहुँची। वहाँ से ट्रेन से सीधी राँची पहुँची और वहाँ से दुमका अपने घर। अपना छोटा सा बैग उठाए घर की ओर कदम उठा रही मीरा सोच रही थी कि घर में माँ से क्या कहेगी? बाबा पूछेंगे तो क्या कहेगी? नौकरी क्यों छोड़ दी? बिना बताए क्यों चली आई? इतने में दूर से उसे अपना झोंपड़ीनुमा घर दिखाई देने लगा। शाम का समय हो चुका था। इतने में उसे अपनी माँ दिखाई दी। परेशान मीरा को कुछ नहीं सूझा और वो भागकर सीधी अपनी माँ के सामने पहुँच गई।

अचानक मीरा को देखकर उसकी माँ हक्की-बक्की रह गई। मीरा ने माँ को देखा और माँ ने मीरा को, फिर दोनों एक-दूसरे के गले लिपट

गईं। माँ के गले लगते ही मीरा की आँखों से आँसुओं की धार बह निकली। "अरे मीरा तू कैसे आ गई, यूँ बिना कुछ बताए? सब ठीक है न?" माँ ने चिंता के साथ एक साथ कई सारे सवाल मीरा से पूछ लिये। वो बस रोए जा रही थी। इतने में मीरा के पिता भी सब्जियाँ लेकर किसी के खेत से आ रहे थे। मीरा को देखकर वो भी चौंक गए, वैसे तो वो बेटी को देखकर खुश भी हुए, लेकिन फिर अचानक घर की माली हालात का खयाल भी आया। इतने में मीरा की छोटी बहन भी वहाँ आ गई। मीरा दीदी, बोलकर वो भी मीरा के गले लग गई। "दीदी, तुमको कितने समय के बाद देखा है।" इतना कहकर वो भी रोने लगी। "चलो, घर के अंदर चलो," पापा ने इस बीच सभी से कहा। अंदर पहुँचते ही माँ ने उसको खटिया पर बिठाया, उसका सामान, जो कि पापा उठाकर लाए थे, उसे संदूक के ऊपर रखा, "अब बता, बिना बताए कैसे वापस आ गई? सब ठीक तो है न? "हाँ माँ, सब ठीक है, बस अब और आप लोगों के बिना मन नहीं लग रहा था। इसलिए वापस आ गई।" इस बीच मीरा की छोटी बहन पानी का गिलास लेकर आ गई। मीरा ने कुछ पैसे जो उसके बैग में थे, उसने निकालकर माँ के हाथ में पकड़ा दिए। माँ ने मुसकराते हुए पहले मीरा की ओर देखा और फिर उसके पिता की ओर और पैसे अपने ब्लाउज में खोंस लिये। इसके बाद माँ खाना बनाने के लिए उठ गई। मीरा थोड़ी उदास थी, जो कि उसके चेहरे से साफ नजर भी आ रहा था। मीरा की माँ ने उसकी चादर अपने पास ही बिछा ली, ताकि वो रात को उसके पास ही सो सके। सब लोग सो चुके थे, लेकिन मीरा की आँखों में नींद नहीं थी। वो यह अभी भी समझ नहीं पा रही थी कि माँ को कैसे बताए कि क्यों भाग आई वापस? अचानक उसे तेज-सी उबकाई आई। वो तुरंत उठकर बाहर की ओर भागी। बाकी लोग तो सो रहे थे।

बाहर पहुँचकर मीरा को तेज उलटी आ गई। उसे समझ नहीं आया कि क्या हुआ? उसने घड़े से थोड़ा पानी पिया और फिर आकर सो गई,

जब वो आकर सोने लगी तो उसकी माँ की आँख खुल गई थी, "क्या हुआ मीरा?" माँ ने धीरे से पूछा।

माँ जगी हुई थी, इसको लेकर मीरा थोड़ा घबरा-सी गई थी। "नहीं माँ, कुछ नहीं, बस दोपहर को कुछ खाया नहीं था, शायद इसलिए थोड़ी उलटी आ गई।" इतना कहकर मीरा ने चादर ऊपर कर ली।

सुबह उठते ही मीरा को कुछ ठीक नहीं लग रहा था, उसे बार-बार उलटी जैसा लग रहा था। कई बार उसे अचानक कुछ तीखा या खट्टा खाने का मन हो रहा था। वो समझ नहीं पा रही थी कि उसके साथ क्या हो रहा है? उसने माँ से नीबू पानी माँग लिया। इस दौरान एक बार फिर उसे एक बार उलटी हो गई। "मीरा, क्या हुआ है?" इस बार माँ ने सवालिया निशान से पूछा।

"पता नहीं माँ, बार-बार उलटी हो रही है। जी भी घबरा रहा है।" यह सुनने के बाद माँ के चेहरे पर थोड़ा तनाव आ गया।

वो बोली, "ठीक है, थोड़ी देर बाद डॉक्टर मैडम के पास चलते हैं।" इस बीच फिर एक बार मीरा को उलटी होने को हुई।

एक घंटे के बाद दोनों डॉक्टर के पास पहुँच गए थे। "डॉक्टर मैडम, देखिए न, कल रात से इसे उलटी हो रही है, जी भी मिचला रहा है।"

"तुमको महीना हुआ है?" डॉक्टर ने तुरंत सवाल पूछा।

डॉक्टर का सवाल सुनकर मीरा बोली, "नहीं, अभी कई महीनों से नहीं हुआ है, लेकिन मेरा महीना पहले भी बहुत ऊपर-नीचे होता रहा है।"

इतना सुनकर डॉक्टर ने थोड़े टेस्ट किए, फिर थोड़ी देर बाद बोली, "ये तो गर्भ से है, वो भी चार महीने से ज्यादा हो चुके हैं।" यह सुनते ही मीरा की माँ के पाँव तले जमीन खिसक गई। 15 साल की मीरा को भी समझ नहीं आ रहा था कि क्या कहे?

"डॉक्टर साहब, किसी को बताइएगा नहीं, हम कहीं के नहीं रहेंगे।" मीरा की माँ ने डॉक्टर के सामने हाथ जोड़ते हुए कहा।

"तुम चिंता मत करो, हम डॉक्टर हैं, किसी की बीमारी दूसरों को नहीं बताते," इतना कहकर डॉक्टर ने परचे पर कुछ दवाइयाँ लिख दीं।

"ये दवाएँ दे देना और अब कुछ हो नहीं सकेगा। तीन महीने से ज्यादा हो गए हैं।" डॉक्टर ने चिंता जताते हुए कहा।

"तुम वो सेंटरवाले के पास चली जाना। वो तुम्हारा बिना किसी परेशानी के सब काम करवा देंगे, अगर तुम कहोगी तो मैं वहाँ बोल दूँगी," डॉक्टर ने मीरा की माँ से कहा। जब ये सब बातें हो रही थीं तो मीरा रोए जा रही थी।

"अब रोना बंद करो," डॉक्टर ने मीरा से कहा। इतना कहते ही डॉक्टर ने दवा की परची मीरा की माँ को पकड़ा दी और अगले मरीज के लिए बेल बजा दी।

मीरा का हाथ पकड़े उसकी माँ उसको लगभग खींचते हुए बाहर ले गई, जैसे ही वो बाहर निकले तो माँ ने एक चाँटा लगाते हुए पूछा, "ये क्या किया है? किसका है? तुझे एक बार भी शर्म नहीं आई।" माँ ने लगभग चीखते हुए कहा।

"नहीं माँ, मेरी गलती नहीं है। वो जहाँ मैं काम करती थी, उसने ही मेरे साथ गलत काम किया। इसलिए ही मैं भागकर वापस आ गई।" आँखों में आँसू लिये मीरा ने माँ से कहा।

माँ ने मीरा को इसपर गले लगा लिया और दोनों देर तक रोते रहे, "ठीक है, कल सुबह वो सेंटर पर चलेंगे और हाँ, पापा को अभी कुछ मत बताना।"

अगले दिन सुबह सब काम निबटाने के बाद मीरा और उसकी माँ गाँव से थोड़ा दूर उस सेंटर पर पहुँच गईं। वहाँ उन्हें सिस्टर मैरी मिली, जिसको डॉक्टर ने पहले ही फोन कर दिया था।

सिस्टर को जैसे ही मीरा की माँ ने गाँव का नाम बताया तो मैरी बोल पड़ी, "हाँ, हमको बताया डॉक्टर ने। तुम तो बहुत ही परेशानी में हो। इस लड़की को वो राँची वाले होम में भेज देंगे। वहाँ बच्चा डिलीवर हो जाएगा। तुम्हें पैसे भी देंगे और तुम्हारी बेटी का खयाल भी रखेंगे। तुम कल सुबह आ जाना। हम गाड़ी से इसे वहाँ भेज देंगे।" रात को मीरा की माँ ने उसके पिता को बताया कि राँची में एक जगह मीरा को काम मिल गया है। सुबह वहाँ जाना है। राँची जाने के नाम से उसके पिता भी खुश हो गए थे, क्योंकि वो भी उसको जाकर देख सकेंगे।

अगले दिन सुबह ही मीरा को छोड़ने उसकी माँ आ गई थी। मीरा के साथ उन्हें देखते ही सिस्टर मैरी खुश हो गई।

"ये लो पाँच हजार, तुम्हारे काम आएँगे।" मीरा की माँ को 500 के दस नोट पकड़ाते हुए मैरी ने कहा। इसके बाद वहाँ एक बोलेरो गाड़ी भी आ गई। काले स्याह रंग का ड्राइवर गाड़ी चला रहा था।

"पवन, दीदी को राँचीवाले होम में छोड़कर आना है।" मैरी ने ड्राइवर से कहा।

"जी दीदी," ड्राइवर ने मीरा को देखकर मुसकराते हुए जवाब दिया। ऐसा बोलकर पवन ने गाड़ी घुमाकर उसे बाहर की ओर मुँह करके खड़ा कर दिया था।

"जाओ गाड़ी में बैठो, रास्ता लंबा है। जल्दी निकलोगी तो जल्दी पहुँचोगी," सिस्टर मैरी ने मीरा से कहा।

मीरा की माँ रोए जा रही थी, मीरा उनको गले लगाकर बोली, "ठीक है माँ, अबकी आएँगे तो तुम्हें छोड़कर नहीं जाएँगे।"

माँ ने पल्ले से आँसू पोंछते हुए कहा, "मीरा, कौन माँ अपनी बेटी को ऐसे विदा करना चाहती है।" इसके बाद खामोशी छा गई। गाड़ी स्टार्ट हो गई थी। सिस्टर मैरी ने आकर पवन को चलने का इशारा किया और गाड़ी धीरे-धीरे आगे बढ़ने लगी। मीरा की माँ गाड़ी में मीरा को देख

हाथ हिला रही थी, इतने में सिस्टर मैरी ने आकर उसी हाथ में 100 रुपए के नोटों की एक गड्डी रख दी। इसके बाद मीरा की माँ उन नोटों को कसकर हाथों में दबाए और आँखों में आँसुओं को रोके वापस घर की ओर चल दी, जहाँ उसके टूटे हुए घर में दो और बच्चे उसका इंतजार कर रहे थे।

पवन ने गाड़ी चलाते हुए एक रोमांटिक गाना चला दिया। वो मुसकराकर बार-बार मीरा की ओर देख रहा था, जैसे कि बताना चाह रहा हो कि मुझे पता है तुम वहाँ क्यों जा रही हो। खैर, करीब दो घंटे चलने के बाद पवन ने चाय के लिए एक ढाबे पर गाड़ी रोकी।

"आइए पवन बाबू, कहाँ थे इतने दिनों?" ढाबेवाले ने पवन के उतरने के तुरंत बाद पूछा।

"वो कुछ नहीं, पिछले महीने कुछ ज्यादा केस नहीं थे, तो आराम कर रहा था, अब एक लेकर जा रहा हूँ।" गाड़ी में बैठी मीरा की ओर इशारा करते हुए पवन ने होटल मालिक को बोला।

इसपर होटल मालिक ने मीरा को ऊपर से नीचे तक नाप डाला। "हूँ...वो पवन, एक पार्टी मेरे पास भी है। उनको बस लड़का ही चाहिए। मालदार पार्टी है। 8-10 लाख रुपए तक दे देगी।"

यह सुनकर पवन की आँखों में चमक आ गई, "ठीक है, वो मेहतो साहब का नंबर दे देना।" पवन ने बोला।

"लेकिन मुझे कितना मिलेगा।"

"एक लाख तुम्हें मिल जाएँगे, अगर डील हो गई तो।"

"ठीक है, मैं मेहतो साहब से इनकी बात करा दूँगा।" इतना कहकर होटल मालिक अपने नौकर को डाँटने लगा, अब तक पवन और मीरा की चाय खत्म हो चुकी थी। पवन ने गाड़ी स्टार्ट की तो बस राँची होम में जाकर ही रुकी। बस तब से लेकर अभी तक मीरा होम की बेटी ही हो गई।

कपड़े धुल चुके थे, बस सुखाने बाकी थे। "मीरा, जल्दी नीचे आओ," सिस्टर मरियम ने कहा।

"दीदी आई, बस कपड़े सुखा रही हूँ।"

"जल्दी आ जाओ, सिस्टर मिलिंडा ने बुलाया है।" जिस तरह से सिस्टर मरियम उसे आवाज लगा रही थी, लगता था कि कुछ हो गया है। वो काफी घबराई हुई-सी लग रही थी। आज तक सिस्टर मरियम को किसी ने इस तरह नहीं देखा था, वो थोड़ी परेशान और बदहवास-सी भी दिख रही थी।

मीरा तेज-तेज कदमों से नीचे उतरी, "मीरा, जल्दी जा, पता नहीं, क्या हुआ है। पुलिस आई है। क्या-क्या कह रही है, तुम्हें बुलाया है।" सिस्टर मिलिंडा के कमरे में, रेणु ने नीचे उतरती हुई मीरा से कहा। इसके बाद मीरा लगभग भागती हुई सिस्टर मिलिंडा के कमरे में पहुँची।

पिछले आठ-नौ महीनों से मीरा यहाँ रह रही है, लेकिन ऐसा कभी नहीं देखा। तीन गाड़ियों में पुलिस आई हुई थी, सिस्टर मिलिंडा के सामने एक ढाई महीने का बच्चा और अमीर-से दिखनेवाले आदमी-औरत बैठे हुए थे। कमरे में पाँच-छह पुलिसवाले भी थे। कमरे के बाहर भी कुछ पुलिसवाले थे। महीना तो जनवरी का था, लेकिन मिलिंडा मैडम के माथे से पसीना टपक रहा था। मीरा जैसे ही वहाँ पहुँची तो बिना वरदी के एक महिला पुलिस अधिकारी ने उससे पूछा, "क्या तुम ही मीरा हो?"

अचानक इस सवाल से मीरा थोड़ी डर गई। "जी..." इतना बोलते ही उस महिला पुलिस ने अपनी दो साथियों के साथ मीरा से सामनेवाले कमरे में चलने के लिए कहा।

वो महिला पुलिसवाली मीरा को लेकर सामनेवाले कमरे में पहुँची, सिस्टर मरियम उस कमरे में पहले ही आना चाह रही थी, लेकिन पुलिस ने मरियम को वहीं खड़े रहने के लिए कहा।

"कितने समय से तुम यहाँ हो?" पुलिसवाली महिला ने कमरे के

भीतर पहुँचते ही मीरा से सवाल दागा।

"जी, वो 8-9 महीने से," मीरा से डरते हुए जवाब दिया।

"तुम तो गर्भवती थी न, तुम्हारे रिकॉर्ड में लिखा हुआ है?" पुलिसवाली ने अगला सवाल थोड़ा और सख्ती से पूछा।

"जी, थी···" मीरा ने तुरंत जवाब दे दिया।

"क्या हुआ उसका?" पुलिसवाली ने तुरंत पूछ लिया।

मीरा ने इस सवाल के जवाब में चुप्पी साध ली। वो सोच नहीं पा रही थी कि क्या कहे? इससे पहले कि वो कुछ बोलती, पुलिसवाली महिला ने तुरंत पूछा, "बताओ क्या हुआ?"

"जी, मुझे नहीं पता, यहाँ पर मेरा बच्चा हुआ था।" मीरा ने अब तुरंत बोलना शुरू कर दिया था।

"कहाँ है वो बच्चा?" पुलिस ने जवाब खत्म होने से पहले ही अगला सवाल दाग दिया।

"जी, वो मुझे नहीं पता, मैं तो देख भी नहीं पाई थी कि बेटा है या बेटी, सिस्टर ने मेरी गोद में दिया ही नहीं।" यह बोलते-बोलते मीरा की आँखों में आँसू आ गए।

"तुम रुको इधर," यह बोलकर वो दो स्टारवाली महिला पुलिस सिस्टर मिलिंडा के कमरे में पहुँची।

"ऐ, तुम दोनों उस बच्चे के साथ इधर आओ।" वहाँ कमरे में बैठे उस दंपती को कड़क आवाज में महिला पुलिसवाली ने बुलाया।

सिस्टर मिलिंडा ने कहा, "आप मीरा को इस तरह से दूसरे कमरे में नहीं ले जा सकते। आपको कानून मालूम नहीं है क्या?"

इस पुलिस टीम के साथ एक बड़े अधिकारी भी थे। वे बीच में ही बोले, "सिस्टर, हमें मालूम है कानून। ये जो बच्चा हैं न, इसकी जाँच हो रही है। शक आप पर है, ये रहा वारंट। आप हमारे साथ सहयोग करें।" इतना सुनने के बाद सिस्टर मिलिंडा चुप हो गई। वह दंपती इस बीच

उठकर उस महिला इंस्पेक्टर के साथ चल दिए, अब सिस्टर मिलिंडा के चेहरे पर पसीना आने लगा था।

दो महिला सिपाहियों के बीच मीरा को समझ में नहीं आ रहा था कि यह हो क्या रहा है? इतने में वो महिला इंस्पेक्टर और एक महिला और आदमी छोटे से बच्चे के साथ उस कमरे में आते हैं। बच्चा थोड़ा-थोड़ा रो रहा होता है, लेकिन इस बात को नजरअंदाज करते हुए इंस्पेक्टर ने कहा, "बैठो यहाँ, कितने महीने का है ये बच्चा?" महिला इंस्पेक्टर ने महिला से पूछा।

"जी, करीब दो महीने का," महिला ने जवाब दिया।

"तेरा अपना है क्या?" इंस्पेक्टर ने अगला सवाल तुरंत ही दाग दिया।

इसपर महिला चुप हो गई, पुलिसवाली लगातार उसकी आँखों में देखे जा रही थी। महिला बच्चे को गले से चिपकाए बैठी थी, लेकिन उसके हाथ हिल रहे थे और नजरें कभी एक कोने में तो कभी दूसरे कोने में जा रही थीं।

"मैं कुछ पूछ रही हूँ, तेरा है क्या... ?" महिला इंस्पेक्टर ने लगभग चीखते हुए बोला।

"जी नहीं..." इंस्पेक्टर के गुस्से को देखते हुए महिला ने तुरंत बोल दिया।

"फिर कहाँ से आया... ?" इंस्पेक्टर अपने सवालों को लगातार पूछे जा रही थी।

"मैडम, हमें तो सुनील महतो ने कहा था कि वो एक बच्चा दे देगा, वो भी लड़का, तो हमने हामी भर दी। उसने ही ये बच्चा दिया था, बाकी हमें कुछ नहीं पता आपने पकड़ लिया और यहाँ ले आए।" इस बार जवाब उस महिला के साथ बैठे आदमी ने दिया।

"वो महतो ने ही तो तेरा और यहाँ का पता बताया है। वो जेल में

बंद है। कल ही उसे पकड़ा था। कितने पैसे दिए थे उसको?" इंस्पेक्टर ने पूरी कहानी अब खोल दी थी।

"जी, वो 5 लाख रुपए में बात हुई थी। पूरी पेमेंट हमने पहले ही कर दी थी। उसके बाद ही बच्चा हमें मिला था। मैडम, हमें नहीं मालूम कि इसके पीछे क्या है। हमें तो उसने बोला था कि पक्का अडॉप्शन होगा। कागज पर होगा। हमें नहीं मालूम था कि पुलिस का झंझट होगा। हमारा कोई कसूर नहीं है मैडम···" उस आदमी ने अब पूरी बात बता दी थी।

"ठीक है," इंस्पेक्टर ने कहा।

इतना कहकर इंस्पेक्टर ने एक दूसरे सिपाही को इशारा किया, "जाओ, सिस्टर मरियम को लेकर आओ। इन दोनों को वापस वहीं ले जाओ।" मीरा को न जाने क्यों उस बच्चे को देखकर अपने बच्चे की याद आ रही थी। महिला इंस्पेक्टर को पता था कि यह बच्चा मीरा का ही है। महतो ने यह बात पुलिस को बता दी थी, बस पुलिस इसको कन्फर्म करने के लिए इन दोनों को यहाँ चाइल्ड होम में लेकर आई थी।

"तेरा ही बच्चा है," इंस्पेक्टर ने मीरा को देखकर कहा। इतना सुनते ही मीरा एकदम से खड़ी हो गई और बच्चे की तरफ बढ़ी। उसकी आँखें आँसुओं से भरी पड़ी थीं और हाथ काँप रहे थे। चेहरा एकदम से फक्क पड़ गया था। उसे ऐसा लग रहा था कि जिसके बारे में उसने सोचना भी छोड़ दिया था, वो बच्चा अचानक उसके सामने आ जाएगा।

पुलिस इंस्पेक्टर ने सिस्टर मिलिंडा को एक कागज दिखाया और उससे उसकी अलमारी की चाबी माँगी। चाबी के नाम से ही मिलिंडा का चेहरा एकदम फक्क पड़ गया। "मैडम, हमारे पास तलाशी के कागज भी हैं। आप बस चाबी दीजिए।" डरते-डरते सिस्टर मिलिंडा ने चाबी उस अधिकारी को पकड़ा दी। वो अपनी सीट से उठा और अलमारी को खोला। उसमें वो बंडल मौजूद था, जो कि सुनील मेहतो देकर गया था।

उसमें पूरे पाँच लाख रुपए थे, अब पुलिस को पूरी थ्योरी पता चल गई थी कि कैसे पूरे झारखंड की प्रेगनेंट बच्चियों को राँची के एक होम में बच्चे डिलीवर कराए जाते हैं और फिर उन्हें महतो जैसे दलालों के जरिए से 5 लाख रुपए में बेच दिया जाता है।

मीरा के हाथों में अब वो बच्चा आ चुका था, हाथों में कसकर पकड़े मीरा को पहली बार एहसास हुआ कि वो माँ भी है। अपनी छाती से लगाए मीरा ने एक कोने में ले जाकर सबसे पहले उस बच्चे को अपना दूध पिलाया। बच्चा भी भूखा था। उसको भी लगता है अपनी माँ का एहसास हो गया था। उसने तुरंत दूध पीना शुरू कर दिया।

जब मीरा वापस आई तो वो खुश थी, "दीदी, एक बात बोलूँ।" महिला इंस्पेक्टर की तरफ देखते हुए मीरा बोली, "हाँ बोलो,"

"वो मेरी तरह यहाँ चार और लड़कियाँ हैं, जिनको थोड़े दिन पहले ही बच्चे हुए हैं। मेरा बच्चा तो मिल गया, लेकिन उनका नहीं पता।"

"हाँ, देखते हैं।"

□

ट्रेनिंग बिजनेस

एक बड़ी सी नदी, जो कि सागर की तरह लग रही थी, जिसके एक छोर से दूसरा छोर नजर नहीं आता है। उसके किनारे पर एक इलाके में त्योहार-सा माहौल था। एक बड़े से मैदान में बहुत सारे लोग नए-नए कपड़े पहने टोपियाँ लगाए बैठे हुए थे।

"भाईजान, ये सूँघिए," एक आदमी हाथ में एक काँच की छोटी सी सुंदर शीशी लिये, एक लंबे-चौड़े, लंबी सी दाढ़ीवाले शख्स के सामने खड़ा था। उस लंबे-चौड़े शख्स ने उस शीशी के ऊपर का ढक्कन खींचा, उसमें एक लंबी सी डंडी थी। उस डंडी को उसने हाथ पर लगाया और फिर हाथ नाक पर ले जाकर सूँघा, "वाह सुभान अल्लाह, ये हुआ न असली गुलाब," इतना कहते हुए वो उठा और उसने सामने पड़ा हुआ बड़ा सा चाकू उठाया और वहाँ बँधे काले बकरे में घोंप दिया।

खून का एक फव्वारा सीधा सामने बैठे आदमी पर जाकर गिरा, बकरा मिमियाते हुए गिर गया और तड़पने लगा, उसे देखकर वो शख्स मुसकराया, "लो, आज की दावत भी हो गई।" इतना सुनना था कि दो लोग आए और उन्होंने बकरे को उठाया और एक ओर ले गए। कुछ खून उस दाढ़ीवाले के हाथ में भी लग गया था। उसने वो खून अपने गमछे से पोंछा और मैदान से चल पड़ा।

"ये कमालुद्दीन हैं, पिछले कुछ सालों से ये एक कारोबारी से

अचानक से सांसद बने और अब ये मुख्यमंत्री बनने की सोच रहे हैं।"

"अगले साल चुनाव होनेवाले हैं दादा, कुछ सोचा?" साथ चल रहे एक दूसरे व्यक्ति ने कमालुद्दीन से पूछा।

"सोचना क्या है, इस बार अखिल बोरा को हराना है। न तो इसने मेरा कहना माना और न ही अपने लोगों को अच्छा मंत्रालय दिया, जबकि दुनिया जानती है कि इस बार की सरकार हमने ही बनवाई है, वरना इस बार वो दूसरी पार्टी की सरकार बन जाती।" एक साँस में वो बोरा और उसकी सरकार की बुराई करे जा रहा था।

"वो तो हमने अपने लोगों को लगाकर इनको समझाया था कि कहाँ क्या करना है और कैसे करना है, अब तो इनको भी समझ आ गया है कि नई पार्टी बनाएँ, जो अपने लोगों का खयाल रखे।" कमालुद्दीन वहाँ खड़े कुछ लोगों को बोल रहा था, फिर वो एक लड़के को देखकर बोला, "लेकिन मेरे खयाल इसको रैली में घोषित करना चाहिए, क्या खयाल है शाहदाब, कर लोगे रैली।"

"जी अब्बू," शाहदाब कॉन्फिडेंस से बोला। शाहदाब कमालुद्दीन का दूसरे नंबर का बेटा था।

"ठीक है, तुम तैयारियों में लग जाओ। अगले महीने के दूसरे जुमे को हम रैली में पार्टी की घोषणा करेंगे।" कमालुद्दीन ने अपने बेटे से कहा और कुछ लोगों के साथ अपनी कार में बैठकर निकल गया।

रैली की तैयारियाँ जोरों पर थीं, कमालुद्दीन का बेटा शाहदाब लगातार रैली के लिए लोगों को जुटाने के बंदोबस्त में लगा हुआ था।

रैली की तैयारियों के बीच एक मोहल्ले में कमालुद्दीन और उसका बेटा एक मीटिंग कर रहे थे कि अचानक मोबाइल फोन बज उठा, कमालुद्दीन ने मीटिंग को संबोधित करते-करते बिना फोन को देखे उसे अपने बेटे को पकड़ा दिया। बेटे ने फोन देखा, फोन पर सचिवालय का नंबर आ रहा था। शायद फोन मुख्यमंत्री कार्यालय का हो सकता है। शाहदाब तुरंत बाहर निकला, दरवाजे से बाहर निकलकर फोन का रिसीव बटन दबाते ही बोला, "हैलो!"

उधर से आवाज आई, "माननीय मुख्यमंत्रीजी बात करना चाहते हैं।"

"अभी थोड़ी देर बाद हो पाएगी, अब्बा एक मीटिंग में हैं।" इतना कहकर शाहदाब ने फोन रख दिया। वो तुरंत अंदर लौटा, तब तक कमालुद्दीन का भाषण खत्म हो गया था।

"वो मुख्यमंत्री बात करना चाहता है।" शाहदाब ने धीमे से कान में कहा।

"इंतजार कर लेगा, गाड़ी में बात करते हैं।" इतना कहते हुए कमालुद्दीन मीटिंग में आए लोगों से बातचीत में लग गया। थोड़ी देर में मीटिंग खत्म हो जाती है और सभी लोग कमालुद्दीन को गाड़ी तक छोड़ने आते हैं। उनसे विदा लेकर वो अपनी लैंड क्रूजर में बैठता है और गाड़ी चल पड़ती है।

“शाहदाब, अब फोन मिलाओ।” शाहदाब तुरंत जिस नंबर से फोन आया था, उसी को रिडायल कर देता है।

“हैलो,” उधर से आवाज आती है।

“वो मुख्यमंत्रीजी बात करना चाहते थे,” शाहदाब ने फोन पर कहा।

“आप कौन बोल रहे हैं?” उधर से आवाज आई।

“जी, मैं कमालुद्दीनजी का बेटा बोल रहा हूँ।” एक मिनट, कहकर उधर से फोन होल्ड पर चला गया। शाहदाब समझ गया कि मुख्यमंत्री को पूछ रहे होंगे। इस बीच शाहदाब ने फोन कमालुद्दीन को पकड़ा दिया।

“हैलो, कमाल, सलाम वालेकुम,” उधर से मुख्यमंत्री ने कहा।

“वालेकुम सलाम साहब, क्या हाल हैं, इस नाचीज को आपने याद किया,” कमालुद्दीन ने ताना मारते हुए कहा।

“कमाल, तुम तो जानते हो, तुम्हारे बिना हमारा गुजारा नहीं है, तुमने जो कहा, मैंने किया। तुम्हारे फाउंडेशन को सभी स्कीम से जोड़ दिया है। तुम्हारे लोगों को पोस्टिंग भी दे दी है।”

“लेकिन मैंने तुमसे होम माँगा था। वो इकबाल के लिए, वो तो नहीं किया।” कमालुद्दीन ने बीच में ही टोका।

“हाँ, तुम तो जानते हो, सबकुछ मेरे हाथ में नहीं है। रानी साहिबा ही तय करती हैं बहुत कुछ। वो फादर डिकोस ने आपके नाम को विटो कर दिया था।” कमालुद्दीन के सवाल के जवाब में मुख्यमंत्री बोले जा रहे थे।

“आप तो जानते ही हो, रानी साहिबा बिना उससे पूछे यहाँ कुछ नहीं करती। तुम्हारा क्या विचार है, तुम साथ में ही लड़ोगे या फिर अलग पार्टी बनाने जा रहे हो?” यह सुनकर कमालुद्दीन को थोड़ा झटका लगा, क्योंकि उसने अभी तक यह बात बहुत ही कम लोगों को बताई

थी। थोड़ा सँभलते हुए कमालुद्दीन ने कहा, "देखिए, अभी तो सिर्फ रैली कर रहे हैं, अगर आप चाहेंगे तो पार्टी भी बन जाएगी।" कमालुद्दीन ने यह अंतिम लाइन थोड़ी सख्ती के साथ बोली।

"अगर तुम चाहते हो अलग पार्टी बनाना तो बना लो। डिकोस तो तुम्हें मालूम ही है क्या चाहता है," मुख्यमंत्री ने कहा। अब कमालुद्दीन थोड़ा सकपका गया था। उसे नहीं मालूम था कि उसका सारा हिसाब-पुस्तक रखा जा रहा है। थोड़ा सोचते हुए बोला, "हाँ, मुझे मालूम है मेरे दोस्त, बस ये रैली करने दो, पार्टी मैं अभी नहीं बना रहा हूँ, अब मैंने सबको बोल दिया है। अपने लोगों को एकजुट करने के लिए बोलूँगा। बाकी तो तुम्हारे अलावा हमारा है ही कौन।"

"ठीक है, तुम्हारी रैली के बाद मिलूँगा।" इतना कहकर उधर से फोन कट गया।

"शाहदाब, वो इत्र का कंसाइनमेंट पहुँच गया होगा, देखना उसकी पेमेंट आ गई क्या?" कमालुद्दीन ने बेटे को निर्देश दिए और गाड़ी वापस गुवाहाटी की ओर चल दी।

रैली की तैयारियाँ पूरी हो चुकी थीं। जिन जिलों में कमालुद्दीन की पकड़ थी, वहाँ से लोगों को गोवाहटी तक लाने का इंतजाम हो चुका था। इस बीच धार्मिक नेताओं का एक समूह भी रैली के लिए बड़े से घर में पहुँच चुका था। बड़ी-बड़ी सी थालियों में उनके लिए तरह-तरह के पकवान परोसे जा रहे थे। बीच में एक बड़ी सी थाली में एक बकरे और मुरगे के भुने हुए लेग पीस पड़े हुए थे। सभी लोग एक घेरे में बैठे हुए थे। इन्हीं के बीच कमालुद्दीन भी बैठा हुआ था।

"साहेबान, वो सी.एम. मुझे धमका रहा है, मेरे पास जो फंड आता है, उसको रोकने की धमकी दे रहा है। मेरे बिजनेस से जो आ रहा है और जो सरकार से मिल रहा है, उससे मैं अभी उस पार से आए लोगों को पाल रहा हूँ। उनको यहाँ बसाने, खिलाने और बाकी

कागजात तैयार करने के काम में लगा हुआ हूँ, लेकिन सरकार से अगर फंड बंद हो गया तो इतने सारे लोगों को बसाने का संकट हो जाएगा।" कमालुद्दीन चिंता के साथ बोला।

"तुम्हारा माल तो दुबई में जा रहा है। वो एक बड़े ऑर्डर को हमने बोल दिया था," फिर कुछ सोचते हुए वो गोरेवाला व्यक्ति बोलता है, "ठीक है, तुर्की से कुछ इंतजाम कराते हैं, लेकिन उसके लिए बच्चों का इंतजाम करना होगा। वो यतीमखाना खोलना पड़ेगा। तुम वो खोल लो, बाकी के लिए भी वो अलग-अलग नामों से कुछ-न-कुछ दे देंगे। इतना तुम्हें मिल जाएगा। बाकी के लिए भी तुम्हें वहीं से ऑर्डर मिल जाएगा। तुम वहाँ अपना इत्र भेज देना, वो तुम्हें बिजनेस के नाम पर पैसा भेज देंगे, लेकिन एक शर्त है ?" उसने सवालिया निशान लगाते हुए कहा।

कमालुद्दीन ने पूछा, "जी कहिए,"

"तुम्हें उन बच्चों को खास ट्रेनिंग देनी पड़ेगी।"

कमालुद्दीन सोच में पड़ गया, जैसे कि हिसाब-किताब लगा रहा हो, फिर बोला, "ठीक है।" बस इतना कहना था कि बाकी लोग बोल पड़े, "वाह···वाह! क्या बात है। हम पूरी जान लड़ा देंगे कमाल, तुम फिक्र मत करना।"

रैली की तैयारियों में लगे कमालुद्दीन ने अपने बेटे से यतीम और गरीब माता-पिता के बच्चों को इकट्ठा करने के लिए कहा। बेटे ने रैली से पहले ही करीब एक हजार बच्चों को इकट्ठा कर लिया था। इन बच्चों के लिए अब यतीमखाना बनाया जा रहा था। छह अलग-अलग जगहों पर इन बच्चों के लिए जमीन का इंतजाम भी हो गया था और अब इनके लिए कमरे बनाए जा रहे थे।

इधर रैली का दिन आ गया था। अपने तय समय पर कमालुद्दीन बाकी लोगों को लेकर मैदान के एक छोर पर बने स्टेज पर पहुँच गया था, अब मैदान में आई जनता के लिए भाषण शुरू हो गए थे, जब

गोरेवाले व्यक्ति की बारी आई तो उसने कहा, "कमालुद्दीन को मजबूत करिए। इसपर बड़े जुल्म हुए हैं। इसे यहाँ का सदर होना चाहिए। नहीं तो ये लोग हमारे लोगों को यहाँ से वापस भगा देंगे। इसलिए जरूरी है कि कमालुद्दीन को मजबूत किया जाए।" इसके बाद कमालुद्दीन को मंच पर बोलने के लिए बुलाया गया। उसने कहा, "हमारे लोगों ने सदर की बड़ी मदद की, लेकिन ये भी अब हमारी बात नहीं सुनता है। हमने कहा कि हमारे लोगों पर जुल्म रोकने के लिए जरूरी है कि विदेशी एक्ट से लोगों को हटाया जाए, लेकिन इस सरकार ने कोर्ट में यह नहीं किया। इसलिए अब हमें इसको हटाना होगा, वरना हम खतरे में आ जाएँगे। आमीन-आमीन, इंशा अल्लाह इनकलाब आएगा।" नारा ए तबदीर, अल्लाह-हू-अकबर आदि-आदि के नारे चारों ओर गूँज उठे।

शाहदाब ने पूरे राज्य में पाँच होम का इंतजाम कर लिया था। इनमें करीब 800 से ज्यादा बच्चों को जमा कर लिया गया था, अब इन बच्चों के नाम पर विदेशों से करोड़ों रुपए कमालुद्दीन को मिलने लगे थे। इस पैसे से उसने एक फाउंडेशन भी बना लिया था, अब वो अपने इलाके में एक अस्पताल भी चलाने लगा था, जहाँ से उसे बच्चे भी मिलने लगे थे। चूँकि तुर्की से काफी पैसा आने लगा था, लिहाजा दो और चाइल्ड होम मणिपुर और गोलाघाट में खोल लिये थे। अब कमालुद्दीन के होम में 1000 से ज्यादा बच्चे हो गए थे और हर साल लंबी-चौड़ी फंडिंग इससे आने लगी थी। यह फंडिंग इतनी ज्यादा थी कि उसके इत्र का बिजनेस इसके सामने कुछ नहीं था।

इन्हीं में से एक चाइल्ड होम में कुछ बच्चे बाहर खेल रहे थे। अचानक एक बच्चे की बॉल से खिड़की का शीशा टूट गया। अंदर से आवाज आई, "ये हरामी हैं, कितनी बार बोला है कि यहाँ नहीं खेलना है।" शीशा टूटने की आवाज से मौलाना अंदर से ही चिल्लाया। बच्चों को अब डर लग गया था, उन्हें पता चल गया था कि थोड़ी देर में उनपर

गाज गिरनेवाली है। इस होम में बड़ी मुश्किल से मुख्य ऑफिस की खिड़की में शीशा लगा था। अभी इसे लगे कुछ दिन ही हुए थे। इतने में ही इन्होंने यह तोड़ डाला।

"अरे हरामियो, इतने दिनों की मेहनत के बाद यह शीशा लग पाया था और तुमने इसे तोड़ दिया। आज मेरे कहर से तुम्हें कोई नहीं बचा सकता।" इतना कहते ही उसने एक बाँस का डंडा उठाया और उसने बिना कुछ देखे बच्चों को डंडे से मारना शुरू कर दिया। डंडे की मार से बच्चे इधर-उधर भागने शुरू हो गए। मौलाना साहब के डंडे से समीर काफी खौफ खाता था। पिछली बार इसी तरह की मार में समीर की कोहनी में लगी चोट पर डंडा लग गया था, तब से अभी तक समीर की कोहनी में दर्द होता रहता है। वो तो कोई वजन भी नहीं उठा पा रहा था। जब इसकी शिकायत उसने मौलाना साहब से की थी तो उसे दो थप्पड़ और लगे। इसके बाद तो इस होम में किसी की हिम्मत नहीं थी कि वो मौलाना साहब को कुछ बोल सकें, हालाँकि बच्चे बड़े ही गरीब घरों से थे, लेकिन फिर भी यहाँ बड़े परेशान थे। आए दिन बच्चों की पिटाई तो होती ही थी। साथ ही उनको खाने के लिए भी ठीक तरह से नहीं मिल रहा था।

उधर कमालुद्दीन ने 200 बच्चे और भेज दिए। मौलाना अब इससे और परेशान हो गया। इन बच्चों को कहाँ रखा जाएगा? कुछ बच्चों को तो अभी वाले 10 कमरों में ही एडजस्ट कर दिया जाएगा, लेकिन बाकियों का क्या होगा? इस बात से मौलाना परेशान था। मौलाना अकबरुद्दीन पिछले 5 सालों से कमालुद्दीन का खास था। उन इलाकों में काम करता था, जहाँ कमालुद्दीन का प्रभाव था। जिन इलाकों में परिवारों को कमालुद्दीन और उसकी संस्थाओं के साथ जोड़ना होता था, वहाँ मौलाना और उसके साथी वहाँ चले जाते थे, अब लंबे समय से मौलाना बच्चों का जिम्मा सँभाल रहा था। उसने फोन निकाला और

कमालुद्दीन को लगा दिया। "कमाल साहब, सलाम वालेकुम।"

उधर से हैलो की आवाज आते ही मौलाना ने बोला, "वालेकुम सलाम मौलाना, सब खैरियत?" कमालुद्दीन ने मौलाना का हालचाल जानने के लिए पूछा।

"जी, सब खैरियत है," मौलाना ने जवाब दिया।

"कहो, कैसे याद किया?" कमालुद्दीन ने पूछा।

"जी, वो 200 बच्चे हमारे यहाँ नहीं आ पाएँगे। हमारे यहाँ दस ही कमरे हैं। 200 बच्चे हमारे यहाँ हैं। ज्यादा बच्चों के सोने की जगह भी नहीं है। इतने ही बच्चे और हमारे यहाँ कैसे रहेंगे तो इंतजाम करो। अभी उन बच्चों के आने में वक्त है।"

कमालुद्दीन ने एक समस्या तो हल कर दी। "सुनो, दस लाख भेज रहा हूँ। कुछ और कमी हो तो बता देना।" इतना सुनकर मौलाना खुश हो गया। फोन पर भी उसकी खुशी छुप नहीं रही थी।

"आप थोड़ा समय दीजिए, जैसे ही ये कुछ पैसा आ जाएगा तो हम यहाँ चार कमरे बनाने शुरू कर देंगे।"

"जिन बच्चों की लिस्ट तुर्की भेजी थी। उनकी खास तालीम का क्या हुआ?" कमालुद्दीन की आवाज में अब थोड़ी और गंभीरता आ गई थी।

यह बात सुनकर मौलाना भी थोड़ा रुक गया। "जी तालीम तो अच्छी चल रही है। आठ बच्चे तो बिल्कुल तैयार हो गए हैं, उन्हें अब भेजा जा सकता है।"

"ठीक है, इन आठ को अलग-अलग यतीमखानों में भिजवा देंगे। दीनी तालीम भी दी जाती थी, जब भी खाने के लिए जानवर हलाल किया जाता था तो सभी बच्चों को हलाल के तरीके सिखाए जाते थे। इनका वेतन और अन्य फंड भी हम तुम्हें ही भिजवाएँगे। तुम इन्हें देना।" कमालुद्दीन ने कहा। इस बात से मौलाना और भी खुश हो गया। दरअसल मौलाना,

कमालुद्दीन के सभी यतीमखानों का हेड था। जिसको हर महीने एक लाख रुपए तो वेतन मिलता ही था, साथ ही बच्चों के खाने और बाकी सबसे भी उसको पैसा बच जाता था। कुल मिलाकर उन 8 यतीमखानों के लगभग 1,000 बच्चों को अरबी की पढ़ाई के अलावा कुरबानी का पाठ भी पढ़ाया जा रहा था। जब भी बकरीद आती थी तो सभी बच्चों में हलाल तरीके से कुरबानी कराई जाती थी। साथ ही हफ्ते में दो बार जब भी बकरा बनाया जाता था तो बच्चे ही उस बकरे को हलाल करते थे।

मौलाना के पास आसपास के लोग भी कुछ–न–कुछ देने आते रहते थे। एक दिन एक परेशान–सा व्यक्ति मौलाना के पास आया। "मौलाना साहब, सलाम वालेकुम।"

"वालेकुम सलाम।"

"मौलाना साहब, थोड़ा परेशान हूँ।" मौलाना बोला, "तो सदका करना चाहिए।" उसने कहा, "मैं क्या सदका करूँ?" मौलाना ने कहा, "इन बच्चों की खुराक देनी चाहिए।"

"मेरे पास एक गाय है, जो कि दूध नहीं देती।"

"तो ठीक है। उसे ही दे दो।" मौलाना बोला। अगले दिन सुबह वो व्यक्ति एक सफेद रंग की थोड़ी कमजोर–सी गाय लेकर चाइल्ड होम में आता है और मौलाना के हाथ में रस्सी पकड़ाकर वापस चला जाता है। सुबह का समय था। सारे बच्चे नाश्ते के लिए वहाँ इकट्ठे हो गए थे। "अरे अब्दुल रहमान, सुनो, इस गाय को लेकर वहाँ सामने बाँध दो। कल सुबह इसे जिबह करेंगे, लेकिन अब उसे खूब खिलाओ।" इसके बाद बच्चे उस गाय को जंगल में खिलाने लेकर चले जाते हैं।

अगले दिन सुबह सारे बच्चे उस मैदान में जमा हो चुके थे। सामने एक बड़ा सा चाकू रखा था। उस गाय के दोनों पैर बाँधकर उसे लगभग लटका दिया था। पेड़ के साथ उसकी रस्सी को बाँध दिया गया था। इसके बाद मौलाना बोला, "शाकिब, आज तुम इस गाय को जिबह

करो।" इसके बाद बच्चों ने जोर-जोर से नारे लगाने शुरू कर दिए, "अल्लाह हू अकबर, नारा-ए-तकबीर⋯अल्लाह हू अकबर," नारों के बीच में शाकिब उठा और उसने गाय के गले को धीरे-धीरे रेतना शुरू कर दिया। गाय तड़पने लगी, उसके गले से खून की धार तेजी से बहने लगी। गाय अपने हाथ-पैर जोर-जोर से पटक रही थी, लेकिन बँधे होने के कारण वो तड़पने के अलावा कुछ नहीं कर पा रही थी, फिर धीरे-धीरे उसका तड़पना धीरे-धीरे कम होता जा रहा था। उसकी गरदन से खून की धार भी अब धीमी पड़ गई थी, अब बाकी बच्चों ने भी चाकू लेकर उस लगभग मर चुकी गाय पर धावा बोल दिया था। थोड़ी ही देर में वहाँ गाय की जगह मांस के बड़े-बड़े टुकड़े थे, जिनको बड़े-बड़े बरतनों में रखकर रसोईघर में पहुँचाया जा रहा था।

इस बीच कमालुद्दीन को तुर्की से फोन आता है कि "तुम फिक्रमंद न हो, इंशा अल्लाह चंद रोज में हमारे यहाँ के तुर्कीवाले एन.जी.ओ. से तुम्हारे खाते में पैसे आ जाएँगे और हाँ, जिनकी लिस्ट भेजो, जिनकी ट्रेनिंग पूरी हो गई है, ताकीद रहे कि यह रकम उन बच्चों के एवज में ही भेजी जाएगी, जिनकी ट्रेनिंग पूरी हो चुकी होगी।"

मौलाना अब सोच रहा था कि चलो, कमालुद्दीन अब रुपए-पैसे से भी मेरा खयाल रख रहा है और वो इसलाम की सेवा भी कर रहा है। मौलाना को हर साल पूरा लेखा-जोखा भी तैयार कर तुर्की की उन संस्थाओं को भेजना होता था, जो कि उनके यतीमखानों को पैसा भेजती थी। इसलिए मौलाना को मालूम था कि उन संस्थाओं से करोड़ों रुपए कमालुद्दीन को आ रहे थे। जिनका यहाँ सिर्फ पाँच परसेंट ही खर्च हो रहा था।

चुनाव सिर पर था, मुख्यमंत्री और कमालुद्दीन के बीच तनातनी काफी बढ़ गई थी। मुख्यमंत्री लगातार इस बात को बोल रहा था कि उसके साथ कमालुद्दीन ने विश्वासघात किया है, जबकि कमालुद्दीन ने पार्टी के लोगों से कहा था कि इसने मेरी बात नहीं मानी। कमालुद्दीन

अब बस्ती–बस्ती जाकर मीटिंग्स कर रहा था, जैसे ही वो मीटिंग के लिए घुस रहा था, उनका फोन बज उठा। उसने फोन उठाया तो उधर से आवाज आई, "रानी साहिबा बात करेंगी।" रानी साहिबा का नाम सुनते ही वो थोड़ा सकपका गया, तुरंत कान पर फोन लगाए ही वो वापस अपनी कार में जाकर बैठ गया। थोड़ी देर के बाद उधर से आवाज आई, "कमाल," ये आवाज रानी साहिबा की थी।

"जी, रानी साहिबा," कमालुद्दीन ने बहुत ही सॉफ्ट आवाज में बोला।

"कैसे हो?" रानी साहिबा ने पूछा।

"जी, सब खैरियत है।" इधर कमालुद्दीन ने जवाब दिया।

"मुख्यमंत्री मुझसे मिलने आया था, उसने बताया कि तुम अब अलग पार्टी बना रहे हो, अलग लड़ोगे चुनाव?"

"रानी साहिबा, वो मुख्यमंत्री ठीक कह रहे हैं, लेकिन अगर मैं साथ ही लड़ूँगा तो मेरे लोगों का भरोसा मुझ पर कम हो जाएगा। साथ ही अपने वोट भी बँट जाएँगे। इसलिए यह जरूरी है कि मैं अलग पार्टी बनाकर लड़ूँ।" कमालुद्दीन ने जवाब दिया।

"लेकिन तुमने हमें भी बताना ठीक नहीं समझा।" रानी साहिबा ने उलाहना देते हुए कहा।

"माफ करना रानी साहिबा, सबकुछ आप ही का दिया हुआ है। आपके बिना तो कुछ भी नहीं हो सकता। मुझे लगा कि आप तक पैगाम तो पहुँच ही गया होगा। फादर डिकोस को मैंने सब बताया था, अगर अपना वोट बँट गया तो मुश्किल होगी।"

"ठीक है, मैंने डिकोस को बोल दिया है। तुम्हें हर महीने जो मिलता था, वो मिलता रहेगा," फोन पर उधर से आवाज आई। इससे कमालुद्दीन काफी खुश हो गया।

"जी रानी साहिबा, मेहरबानी।" उधर से फोन कट गया।

कमालुद्दीन को पता था कि अब उसके पास पैसे की कोई कमी नहीं होगी। रानी साहिबा ने अपने सबसे खास फादर डिकोस को मुझे चुनावों तक पैसे देने के लिए कह दिया है। गाड़ी से उतरते हुए उसने अपनी टोपी ठीक की और गले के असमिया गमछे को दोनों ओर से पकड़कर करीने से किया और मीटिंग के लिए बस्ती में बढ़ गया।

□

मुक्ति

रात के दस बज गए थे, लाइट बुझाने का समय हो गया था। सलीमा को पता था कि अब अगर थोड़ी देर और लाइट जली तो सिस्टर जेनी आ जाएगी और लाइट बुझाकर चली जाएगी, डाँट अलग से पड़ेगी। पसीने से लथपथ सलीमा को न चाहते हुए भी लाइट बुझाकर उस छोटे से बेड पर लेटने के लिए जाना पड़ा, जून का महीना था, तेज गरमी में पसीना निकले जा रहा था। लेकिन इस एक कमरे में 25 लड़कियाँ थीं। पंखे दो थे। इसलिए सारी खिड़कियाँ खोलने के बाद भी कमरे में लड़कियों के शरीर की गरमी इतनी ज्यादा हो जाती थी कि अकसर कई लड़कियाँ रात को दो-दो बार नहा लिया करती थीं। यह किस्सा लगभग रोज का ही था, लेकिन गरमियों के समय परेशानियाँ बढ़ जाया करती थीं। मुंबई के सायन में ये एक चाइल्ड होम था, जिसमें एक ही कमरे में 25-25 लड़कियाँ ठूँस दी जाती हैं! समुद्र के किनारे का इलाका होने के कारण पसीना इन बच्चियों को अकसर परेशन करता है! खैर, सलीमा अपने बिस्तर पर गिर गई। सिर के नीचे बाइबल थोड़ी चुभ रही थी तो उसने उसे उठाकर नीचे की ओर रख दिया। सलीमा आँख बंद करके कोशिश तो कर रही थी कि सो पाए, लेकिन नींद उसकी आँखों से कोसों दूर थी। पिछले एक हफ्ते से सिर्फ सलीमा ही नहीं, इस कमरे की ज्यादातर लड़कियाँ सोने के लिए परेशान रहती हैं। "सलीमा, सो गई

क्या?" साथ वाले बिस्तर पर लेटी नेहा ने पूछा। "कहाँ नेहा, देख रही है ना, पूरा शरीर चिप-चिप कर रहा है। मैं तो बहुत ही परेशान हूँ, सब जगह घमौरियाँ हो गई हैं, बस खुजाते रहो···" सलीमा ने गुस्से से कहा।

"हाँ, खुद तो वह जेनी ए.सी. वाले कमरे में सोती है और हमें एक ही कमरे में ठूँस दिया है। एक कमरे में 25 लड़कियाँ थीं! चल नहाकर आते हैं, फिर शायद नींद आ जाए।" नेहा ने कहा।

"अभी थोड़ी देर और रुक जाते हैं, वह जेनी अभी जग रही होगी।" सलीमा ने नेहा को रोकते हुए कहा।

"हाँ यार, क्या करें, यहाँ तो हमारी फिक्र किसी को नहीं है। बस सारा दिन बाइबल पढ़ते रहो, पढ़ते रहो। अब यह बाइबल पढ़-पढ़कर तो इसकी सारी आयतें याद हो गई हैं।" नेहा ने झल्लाकर बोला।

"फिर भी इनसे पीछा नहीं छूट रहा है।" सलीमा ने इतना कहा और चुप हो गई। नेहा ने भी इस बात का थोड़ी देर जवाब नहीं दिया। दोनों किसी सोच में लगी हुई थीं। करीब 15 मिनट के बाद नेहा बोली, "जरा देख ना, उसके कमरे की लाइट," सलीमा धीरे-धीरे उठी, उसने खिड़की से झाँका, "हाँ, बंद हो गई। चल, अब चलते हैं।" दोनों उठ ही रही थीं

कि तबस्सुम भी बैठ गई, "अकेले-अकेले कहाँ जा रही हो?" तबस्सुम ने ताना देते हुए कहा। "अरे, तू भी जगी हुई है," नेहा ने तपाक से कहा, "हाँ, यहाँ इस पसीने और खुजली में नींद कहाँ आएगी।" इतना सुनकर तीनों धीमे-धीमे हँसने लगीं और बाहर की ओर बढ़ने लगीं।

अगले दिन सुबह सभी लड़कियाँ प्रेयर रूम में पहुँच गई थीं। "यहाँ तो बिना इस रूम में आए, नाश्ता भी नहीं मिलता है।" "साइलेंस।" लड़कियों की खुसुर-पुसुर सुनने के बाद फादर डिकोस्टा ने अपनी सॉफ्ट आवाज में कहा। फादर की आवाज सुनकर इस बड़े से रूम में शांति छा गई। इसके बाद प्रेयर शुरू हो गई। प्रेयर खत्म होने के बाद सारी लड़कियाँ एक हॉल में पहुँच गईं। यहाँ उनको नाश्ता मिलता था। "यार नेहा, बड़ी भूख लगी है। कल शाम को सात बजे खाया था। उसके बाद अभी तक कुछ नहीं खाया है। बहुत भूख लगी है, अब तो इस लाइन में लगने पर भी रुका नहीं जा रहा है। अरे, अभी तो खाना लेने के बाद वह धार्मिक प्रार्थना भी करनी पड़ेगी।" नेहा बोली, "उफ···मेरे पेट में दर्द हो रहा है।" थोड़ी देर में सलीमा का नंबर आ गया और वह खाना लेकर उस हॉल में टेबल पर आकर बैठ गई। हालाँकि वह सबसे छुपाकर एक-एक निवाला मुँह में डाल रही थी। नेहा उसको छुपाने की कोशिश कर रही थी। "अब रुक जा, नहीं तो वह जेनी पीछे पड़ जाएगी। तू तो जानती ही है, अगर वह पीछे पड़ी तो अगले एक हफ्ते तक सारी सफाई तुझे ही करनी पड़ेगी।" नेहा ने सलीमा को समझाते हुए कहा। इतना सुनकर सलीमा थोड़ा रुक गई। इतने में जेनी हॉल में पहुँच जाती है।

"चलो, प्रार्थना शुरू करते हैं।" इसके बाद प्रार्थना शुरू हो जाती है···जैसे ही प्रार्थना खत्म होती है तो सलीमा तुरंत दो-तीन निवाले मुँह में डाल लेती है। "नेहा, तुझे तो वापस घर जाने के लिए बोला था ना?" सलीमा ने नेहा से पूछा। "हाँ, मेरे लिए तो कई बार ऑर्डर हो चुका है। लेकिन तुम तो जानती हो, ये हर बार चाइल्ड वेलफेयर कमेटी (CWC)

का ऑर्डर को निरस्त करा देते हैं। तुम तो जानती ही हो, फादर फ्रांसिस और जेनी का आपस का गठजोड़ और इनकी पहचान कितनी है। इस बार जो सेंटर से एक टीम आई थी। उसने मेरे लिए ऑर्डर किया था कि मुझे वापस भेजा जाना चाहिए अपने घर। मैं भी चाहती हूँ कि अब अपनी माँ के साथ रहूँ, लेकिन यहाँ होम से मुझे जाने ही नहीं दिया जा रहा है।" सलीमा एक-एक कर निवाला मुँह में डाले जा रही थी और नेहा की बात सुनती जा रही थी। "नेहा, यह जेनी और फादर मिलकर किसी को बाहर जाने ही नहीं देते। कितनी बार मेरे साथ भी हो चुका है। मेरे लिए सी.डब्ल्यू.सी. ऑर्डर कर चुकी है। लेकिन फिर ऑर्डर रुक जाता है। मुझे भी अब यहाँ नहीं रहना है। जब छोटे थे, तब तक तो ठीक था, कुछ पता नहीं था। लेकिन अब तो यहाँ एक-एक दिन भारी हो जाता है। रात भर पसीने में भीगते हैं। बारिशों में रूम की छत टपकती है, कैसे-कैसे सोते हैं। इससे अच्छा तो मेरा गाँव का घर है। जहाँ कम-से-कम इतनी घुटन तो नहीं है।" सलीमा ने एक ही साँस में सबकुछ बोल दिया। "हाँ सलीमा, ये बड़े ही सेटिंगबाज हैं।" नेहा ने जवाब दिया। इतनी बातों के दौरान ही खाने का समय खराब हो गया था। वार्डन दीदी ने सबको तैयार होने के लिए बोलना शुरू कर दिया था। इसका मतलब था कि खाने का समय खत्म हो गया है। "चल सलीमा, जल्दी कर ले। वार्डन दीदी आ गई हैं।"

सलीमा ने भी आखिरी निवाला डाला और उठ खड़ी हुई।

दोनों खड़ी होकर अपने कमरे की ओर जाने लगीं। कॉरिडोर से निकलते हुए नेहा ने आगे बात छेड़ते हुए कहा, "तू बिल्कुल ठीक कह रही थी सलीमा, ये जब चाहे कुछ भी कर सकते हैं। अब देखो, तेरा तो लेटर भी आ गया था, तुझे घर भेजने के लिए कहा गया था। लेकिन इन्होंने इस लेटर को भी निरस्त करा दिया है। अब मनीषा दीदी को ही देखो, 17 साल की हो गई है, पिछले 13 सालों से यहीं पर है, लेकिन

उन्हें न तो किसी को अडॉप्ट करने दिया और न ही कहीं और भेजा।" "हाँ, तू ठीक कह रही है, नेहा। ऐसा ही चला तो अगले कुछ सालों में हम भी ऐसे ही यहीं पर जवान हो जाएँगे। या तो हमें नन बनना पड़ेगा या पता नहीं क्या होगा।" सलीमा ने थोड़ा परेशान होकर कहा। इतनी बातों में दोनों अपने कमरे तक पहुँच चुकी थीं। दोनों ने तुरंत हाथ-मुँह धोए और बाल ठीक किए और फिर दोबारा बड़ेवाले कमरे की ओर निकल पड़ीं। उनकी साथवाली लड़कियाँ भी तैयार होकर उसी कमरे की ओर जा रही थीं। उनके ठीक आगे-आगे मनीषा और जेनी चल रही थीं। जेनी मनीषा से कह रही थी, "देखो मनीषा, तुम अगले महीने 18 की होने जा रही हो। अब तुम्हें यहाँ से निकालना होगा।" यह सुनकर मनीषा परेशान होकर बोली, "सिस्टर, यह तो गलत है। अब मैं कहाँ जाऊँगी? मुझे तो कई लोगों ने अडॉप्ट करने की कोशिश की, लेकिन आगे कार्रवाई ही नहीं हुई।" "यह हमारी गलती नहीं है मनीषा।" जेनी ने तेज आवाज में कहा। "हमारे पास कागज तो आए, लेकिन कोई पेरेंट नहीं आया। ऐसे में हम क्या कर सकते हैं?"

"अब मनीषा, अगर तुम्हें आगे रहना है तो तुम्हें यहाँ नन बनना होगा। फिर हम तुम्हारे लिए सारे बंदोबस्त कर देंगे। अगर तुम चाहोगी तो हम तुम्हारी माँ को भी कुछ पैसे भेज दिया करेंगे।" जेनी ने मनीषा के कंधे पर हाथ रखकर बोला।

इसको सुनने के बाद मनीषा थोड़ी सोच में पड़ गई। मनीषा को सोचते देख जेनी ने तुरंत कहा, "देखो, तुम्हें इसके लिए पैसा भी मिलेगा और खासा पैसा मिलेगा। इससे तुम्हारी सारी जरूरतें पूरी हो जाएँगी।" मनीषा गहरी सोच में थी। इतने में वह बड़ावाला कमरा आ गया।

"ठीक है मनीषा, तुम कल तक सोचकर बता देना।" इतना कहकर जेनी आगे चली गई। सलीमा और नेहा मनीषा को देख रही थीं, जो काफी परेशान लग रही थी। इसके बाद प्रार्थना शुरू हो गई। प्रार्थना के

बाद नेहा और सलीमा वापस अपने कमरे में आ गईं। इसके बाद उन्हें दिन भर मनीषा नजर नहीं आई। अगले दिन जब सारी लड़कियाँ सोकर उठीं तो देखा कि मनीषा दीदी सफेद साड़ी पहने हुए थी। जेनी ने प्रार्थना में बड़े खुश होकर कहा, “आज से आपकी मनीषा दीदी, सिस्टर मनीषा होने जा रही हैं।”

□

धर्म का दाम

फादर जोजी फ्लाइट के लिए लेट हो रहे थे, रात को तीन बजे उनकी फ्लाइट थी और इंटरनेशनल फ्लाइट होने के कारण उन्हें कम-से-कम 10 बजे एयरपोर्ट पर पहुँच जाना था। लेकिन घड़ी में नौ बज चुके थे। सामान तो सारा पैक था, बस ड्राइवर का इंतजार था। जोकि किसी भी पल आनेवाला था। फादर ने शिव थॉमस को देखा और थोड़ी नाराजगी से बोली, "जरा अपने ड्राइवर को देखो, अभी तक नहीं आया है। कहाँ रह गया है, जरा बताओ, नहीं तो किसी दूसरे को बुला लो।" थॉमस ने तुरंत फोन निकाला और एक नंबर डायल किया। इतने में गेट पर एक गाड़ी ने हॉर्न दे दिया। "फादर, वह ड्राइवर आ गया", थॉमस चहकते हुए बोला। अपनी एक फाइल उठाते हुए फादर ने चश्मे के भीतर से झाँकती अपनी तीखी नजरों से थॉमस से कहा, "ठीक है, यह फाइल मेरे बैग में रखो और बाकी का सामान गाड़ी में रखो, तब तक मैं बच्चों से मिलकर आता हूँ।" इतना कहकर फादर जोजी ने वे फाइलें थॉमस को पकड़ा दीं और खुद कमरे से बाहर निकल गए।

हैदराबाद के इस चाइल्ड होम से एयरपोर्ट की दूरी हालाँकि 30-35 मिनट ही है, लेकिन कभी-कभी ट्रैफिक होता है तो एक घंटे से ज्यादा भी लग जाता है। फादर लंबे-लंबे कदम रखते हुए एक बड़े से हॉल में पहुँचे, जहाँ करीब 50-60 बच्चे खाने की टेबल पर बैठे

हुए थे। फादर को देखकर सभी बच्चों का अटेंशन फादर की ओर हो गया। फादर ने बच्चों को देखकर मुसकराते हुए बोलना शुरू किया, "चिल्ड्रन, मैं कुछ दिनों के लिए बाहर जा रहा हूँ, वहाँ से आने के बाद तुम लोगों के लिए यहाँ हम खेलने के लिए एक अच्छा मैदान बनाएँगे और आप लोगों को अच्छे कपड़े और जूते भी मिलेंगे। चिल्ड्रन, जीजस आपको बेहतर जिंदगी देगा। तब तक आप यहाँ पढ़ाई करो और हाँ, चर्च रोज जाना है और जो बाइबल तुम्हें दी है, वह अपने पास रखनी है और पढ़नी है।"

सभी बच्चे फादर जोजी की बात ध्यान से सुन रहे थे। इतना कहकर फादर जोजी ने दोनों हाथ ऊपर उठाकर बच्चों को आशीर्वाद दिया और वहाँ से निकल गए। वे तेज कदमों से गाड़ी की तरफ बढ़ रहे थे। थॉमस ने उनकी दोनों अटैची और हैंडबैग गाड़ी में रखवा दिया था। फादर को आता देख थॉमस ने गाड़ी का दरवाजा खोल दिया। गाड़ी में बैठते हुए फादर ने थॉमस को नोटों की एक गड्डी पकड़ाते हुए कहा कि यह रखो बच्चों के खाने और बाकी जरूरतों के लिए, कुछ परेशानी होगी तो मुझसे कनाडा वाले नंबर पर बात कर लेना।" "ठीक है फादर," थॉमस ने सिर

हिलाते हुए कहा। अब धीरे-धीरे गाड़ी आगे निकल गई और फिर देखते-देखते गेट से बाहर चली गई।

एयरपोर्ट पर पहुँचते ही अपना सामान चेक-इन में डालते ही फादर ने जेब से फोन निकाला और एक नंबर डायल किया। उधर से हैलो की आवाज आते ही फादर जोजी बोले, "गुड ईवनिंग, आई एम बोर्डिंग फ्लाइट नाउ, प्लीज लेट मी नो द टाइमिंग ऑफ मीटिंग एंड अदर इवेंट्स।" उधर से कुछ कहा गया, जिसके बाद फादर ने ओके बोलकर फोन रख दिया।

फादर जोजी, फ्लाइट में बैठ गए, थोड़ी देर बाद फ्लाइट टेक ऑफ होने की अनाउंसमेंट हुई और हवाई जहाज धीरे-धीरे रनवे की ओर चल पड़ा। फादर को अकसर लंबी यात्राएँ करने की आदत थी। चिल्ड्रन होम के फंड के चक्कर में वे कभी ब्रिटेन तो कभी इटली और कभी कनाडा आते-जाते रहते थे। लिहाजा लंबी फ्लाइट्स उनके लिए बड़ी समस्या नहीं थी। खैर, फ्लाइट में बैठते ही फादर अपने चिल्ड्रन होम में बच्चों की संख्या बढ़ाने और उन्हें जल्द-से-जल्द क्राइस्ट के चरणों में लाने के बारे में सोचने लगा। फादर को पता था कि जिस इलाके में वह काम कर रहा है, वहाँ गरीबी बहुत ज्यादा है, लिहाजा बच्चों को अगर चाइल्ड होम में रखा जाए तो उन्हें सुबह-शाम चर्च भी ले जाया जा सकता है और उनके हाथ में बाइबल भी दी जा सकती है। इतना सोचते-सोचते फादर जोजी की आँख लग गई। कुछ घंटों की नींद के बाद उन्हें एयरहोस्टेस ने उठाया और कुछ खाना ऑफर किया। खाना खाकर फादर फिर सो गए और बोले, "वेन टोरंटो विल कम देन वेक मी अप ओनली।" इतना कहकर फादर फिर एक बार नींद के आगोश में चले गए। टोरंटो आते ही फ्लाइट में हलचल बढ़ गई। इस हलचल से फादर जोजी की नींद खुल गई और वे भी फ्लाइट से उतरने की तैयारियों में लग गए। खैर, फादर अब टोरंटो में उतर चुके

थे। जैसे ही उन्होंने चेक-इन किया सामान बेल्ट से उतारकर ट्रॉली में रखा, उनका फोन बज उठा। फादर ने जल्दी से फोन उठाया, "हैलो सर, आई एम योर ड्राइवर, आई एम आउटसाइट अराइवल, ए व्हाइट मर्क 555 नंबर।" उधर से ड्राइवर ने बोला।

"ओके थैंक आई एम कमिंग," फादर ने तुरंत जवाब दिया और ट्रॉली धकियाते हुए बाहर की तरफ ले जाने लगे। फादर जोजी जब टोरंटो पहुँचे तो दोपहर हो चुकी थी। इसलिए वे जल्द-से-जल्द डाइसिस के हेड ऑफिस पहुँचना चाहते थे, ताकि बिशप से उनकी मुलाकात समय से हो जाए। इतना सोचते-सोचते फादर अराइवल गेट पर पहुँच चुके थे। वहाँ उनकी नजर उस व्हाइट मर्सिडीज को ढूँढ़ रही थी। इतने में गाड़ी खुद ही उनके सामने आकर खड़ी हो गई। जैसे फादर जोजी की तसवीर देकर ड्राइवर को देकर भेजा गया था। ड्राइवर की मदद से अपना सामान गाड़ी में रखने के बाद फादर जोजी होटल में पहुँच गए। "यू वेट हेयर आई एम कमिंग इन हाफ हाउर", फादर जोजी ने ड्राइवर से कहा। फादर तुरंत चेक-इन करने के बाद कमरे में नहाने चले गए। जैसे ही फादर नहाकर बाहर निकले तो उनके फोन पर मैसेज में एक लोकेशन आई हुई थी। फादर तुरंत तैयार होकर नीचे उतर आए। उतरते हुए उन्होंने ड्राइवर को फोन कर दिया। जब फादर होटल के गेट पर पहुँचे तो गाड़ी गेट पर लगी हुई थी। वे तुरंत गाड़ी में बैठे और ड्राइवर को वह लोकेशन दिखाकर बोले, "वी हैव टू गो देयर।" "यस सर।" ड्राइवर ने लोकेशन देखकर कहा। करीब आधे घंटे की ड्राइव के बाद फादर जोजी की गाड़ी एक बड़े से आलीशान गेट के अंदर घुस रही थी। एक बड़े से मैदान के बीचोबीच एक सफेद रंग की बड़ी सी कोठी थी, जिस तक पहुँचने में ही दो से तीन मिनट फादर की गाड़ी को लगे। गाड़ी के पहुँचते ही एक व्यक्ति दरवाजा खोलने के लिए आ पहुँचा था। गाड़ी से नीचे उतरते ही वही व्यक्ति फादर जोजी

को रास्ता दिखाते हुए आगे चलने लगा। एक गलियारे को पार करने के बाद एक खुला-सा एरिया था। जहाँ कुछ लोग बैठकर चाय पी रहे थे। उस व्यक्ति ने वहीं बाहर फादर जोजी को छोड़ दिया, फादर जोजी को देखते हुए अंदर एक सफेद चोगे में बैठे लंबे-चौड़े गोरे ने फादर जोजी का स्वागत किया। "माई डियर फादर जोजी, एट लास्ट वी मीट।" गोरे चोगेवाले ने फादर जोजी से कहा। सिर झुकाते हुए फादर जोजी ने कहा, "यस फादर, आई वाज इगर टू मीट यू।" "सो हाउ आर यू, हाउ इज योअर किड्स।" बिना वक्त गँवाए गोरे चोगेवाले ने फादर जोजी से पूछा। "दे आर फाइन फादर," जोजी ने जवाब दिया। "वी हेव टू कैच दम एस अर्ली वी कैन।" लंबे चोगेवाले ने फादर जोजी को जोर देकर कहा।

अब दोनों धीरे-धीरे वहाँ लोगों के बीच से चलते हुए उसी मकान के एक कोने में पहुँच गए थे। लंबे चोगेवाले ने फादर जोजी के कंधे पर हाथ रखकर कहा, "वी विल गिव यू 5 लाख किड पर ईयर।" यह सुनकर फादर जोजी के चेहरे पर मुसकान आ गई। "बट यू हैव टू डू एमओयू विद अस···।" यह सुनकर फादर जोजी थोड़ा सोच में पड़ गए। फादर जोजी को परेशान देख लंबे चोगेवाले ने कहा, "डोंट वरी जोजी, इट विल बी जस्ट वन पेजर एमओयू फॉर माय पेपर वर्क ओनली।" इतना कहने के बाद उस लंबे चोगेवाले ने एक पेज फादर जोजी की ओर बढ़ा दिया। फादर जोजी ने वह पेपर पढ़ा। थोड़ा सोचने के बाद फादर जोजी ने कहा, "ओके वी विल डू एग्रीमेंट विद यू। दैट्स वेरी गुड फादर जोजी, वी हैव टू गिव दैम शेल्टर, एजुकेशन एंड रिलिजन, सो दे कैन एक्सपैंड क्राइस्ट एजुकेशन एंड दिस इज इंपोरटेंट फॉर अवर डोनर्स टू।" (हमसे मिलने वाली रकम के बदले तुम इन बच्चों को आश्रय, शिक्षा एवं धर्म दोगो ताकि शिक्षा का विस्तार कर सकें) फादर जोजी ने बिना वक्त गँवाए वहीं पर उस पेज पर नीचे

साइन कर दिए। साथ में अपनी जेब से एक स्टैंप निकाली और उस पेपर पर लगा दी। शायद जोजी को मालूम था कि ऐसा कुछ होगा। फादर जोजी के हाथ से साइन्ड एम.ओ.यू. का पेपर लेने के बाद लंबे चोगेवाला फादर जोजी को वापस उसी जगह ले आया, जहाँ बाकी लोग बैठे थे। फादर जोजी वहाँ अपनी चेयर पर वापस बैठते हुए सोच रहा था कि थोड़ी देर में वहाँ टेबल पर चाय सर्व होने लगी। इस बीच लंबे चोगेवाले ने खड़े होकर कहा, "फ्रैंड्स, फादर जोजी इज रेडी टू वर्क विद अस, वी ऑल आर सर्वेंट ऑफ लॉर्ड जीजस, फादर जोजी विल हेल्प अस इन सेंडिंग मैसेज ऑफ लॉर्ड जीजस इन इंडिया, वी विल क्रिएट मोर चिल्ड्रन होम्स इन पूअर कंट्री इंडिया एंड फादर जोजी विल टीच दैम अबाउट लॉर्ड जीजस।" "आमीन···" सभी लोगों ने एक साथ कहा।

इसके बाद लंबे चोगेवाले ने चाय सर्व कर रहे व्यक्ति को इशारा किया, वह तुरंत ही वहाँ से निकल गया।

फादर जोजी पेपर साइन कर चुके थे, लेकिन मन-ही-मन कुछ हिसाब लगाने के बाद वे बोले, "इट इज ऑल राइट बट वी नीड एट लीस्ट 60 लाख चाइल्ड पर ईयर" लंबे चोगेवाले ने थोड़ा सोचा, सामनेवाले लोगों की ओर देखा और गहरी साँस लेकर कहा, "ओके···" ऐसा बोलते ही फादर जोजी ने लंबे चोगेवाले की ओर हाथ बढ़ा दिया। लंबे चोगेवाले ने हाथ थामकर कहा, "कॉन्ग्रेच्यूलेशन।"

फादर जोजी अब सभी लोगों को एक प्रेजेंटेशन देने लगे थे, जिसमें वे बता रहे थे कि कैसे वे अगले छह महीनों में पूरे इलाके के बच्चों को एजुकेशन और धर्म देंगे। बहरहाल डिनर के बाद फादर जोजी वापस होटल में पहुँच चुके थे, उनके होटल पहुँचते ही उनके फोन पर एक मैसेज आता है। मैसेज पढ़ते ही उनके चेहरे पर लंबी मुसकराहट आ जाती है। उनके एन.जी.ओ. के अकाउंट में 200 बच्चों के हिसाब से

लगभग 12 करोड़ रुपए आ चुके थे। फादर जोजी ने थॉमस को फोन लगाया। उधर दो घंटियों के बाद ही फोन उठ गया। थॉमस ने फादर जोजी ने सीधा बोलना शुरू कर दिया, "यस फादर।" शिव थॉमस उधर से बोला, "तुम कल सुबह से ही उस साथवाली लैंड पर नई बिल्डिंग का काम शुरू करवा दो, हमें 10 रूम और बनाने हैं। करीब 100 चिल्ड्रन को और लाना है। पैसे की चिंता मत करना।"

"यस फादर।" शिव थॉमस चहकते हुए बोला। फोन रखने के बाद मंद-मंद मुसकराते फादर ने अपना बैग खोला और एक पुस्तक पढ़ने लग गए।

□

काला राक्षस

शाम हो चली थी, समुद्र से ठंडी-ठंडी हवाएँ चल रही थीं। मौसम बहुत ही खुशनुमा है, शाम के वक्त समुद्र के किनारे पर भीड़ लगी हुई थी। लोग अपनी फैमिली के साथ घूम रहे थे, लेकिन इस समुद्र किनारे से कुछ किलोमीटर दूरी पर चहारदीवारी के पीछे कुछ बच्चे परेशान-से घूम रहे थे। आज शनिवार है, बच्चों को पता था कि आज वह 'काला राक्षस' आनेवाला है, केरल के इस चाइल्ड होम के चेयरमैन का नाम बेशक ए. राजा था, लेकिन बच्चों ने उसका नाम काला राक्षस रखा हुआ था। पिछली बार 10 साल के राकेश के साथ उसने जो किया था, वह आज भी इस होम की दीवारों के भीतर बेशक दब गया है, लेकिन यहाँ रहनेवाले बच्चों को राकेश की चीखें अभी भी ताजा लग रही हैं।

"शुब्बू, आज तो तेरा नंबर लगेगा।" बच्चों के झुंड से एक 15-16 साल के लंबे लड़के ने एक नए गोरे-चिट्टे लड़के से कहा। यह सुनते ही शुब्बू सिहर गया था। उसे पता था कि शराब के नशे में वह काला राक्षस बच्चों के साथ क्या करता है। बच्चे शुब्बू का मजाक उड़ा रहे थे। वह लंबावाला लड़का फिर बोला, "तुझे क्या लगता है, तू बच जाएगा, उसको तो गोरे लड़के बहुत पसंद हैं। जब मुझे वह अंदरवाले कमरे में ले गया था तो मैं भी कई दिनों तक ठीक से चल नहीं पाया था। अब राकेश

को ही देख, एक हफ्ता हो गया है। लेकिन यह अभी तक भी लँगड़ाकर चल रहा है।" इतना कहकर वह जोर-जोर से हँसने लगा। राकेश भी सभी के साथ हँसने लगा, जैसे अपने दर्द को अपनी हँसी में उड़ा रहा हो। इतने में गेट खुलने की आवाज आई और शुब्बू तेजी से अपने को बाकी बच्चों के पीछे छुपाने लगा। बच्चों को मालूम चल गया था कि काला राक्षस आ गया है।

उस काले राक्षस के आते ही बच्चों में खलबली-सी मच गई थी कि आज किसका नंबर आएगा। इतने में गाड़ी से उतरकर वह सीधे बच्चों के बीच में आ गया। शुब्बू बच्चों के पीछे जाता जा रहा था, लेकिन उसने आते ही शुब्बू को देख लिया था, इसलिए धीरे-धीरे वह शुब्बू के पास पहुँच गया और शुब्बू के सिर पर हाथ फेरते हुए उसने केयरटेकर को इशारा कर दिया। फिर थोड़ी देर बच्चों के साथ रहकर वह अपने कमरे में चला गया। इसके बाद केयरटेकर ने आकर शुब्बू को एक चॉकलेट दी, लेकिन शुब्बू ने चॉकलेट लेने से मना कर दिया। ना-ना करते हुए भी केयरटेकर ने उसको खींचते हुए कमरे के दरवाजे के भीतर धकेल दिया।

अगले दिन सुबह जब सब उठे तो सब लड़के शुब्बू की चाल देखने के लिए कमरे के बाहर जमा हो गए। जब शुब्बू दर्द से सुबकता बाहर निकला तो लड़के दर्द से परेशान शुब्बू को घेरकर उसका मजाक उड़ा रहे थे। इतने में केयरटेकर वहाँ तेजी से आया और उसने सबको वहाँ से भगा दिया। बाद में राकेश तथा दो और लड़के शुब्बू को घेरकर बैठ गए। "सुन, यहाँ से भाग जाते हैं," राकेश ने शुब्बू से कहा, यह सुनकर शुब्बू एकदम से चौंक गया। कुछ सोचकर शुब्बू ने कहा, "लेकिन हम जाएँगे कहाँ?" "हम जहाँ भी जाएँ, यहाँ से तो खुश रहेंगे। अपनी आजादी तो होगी।" राकेश बोला। बाकी लड़के भी राकेश की बातों से सहमत थे। बस शुब्बू को अब ये लड़के साथ मिलाना चाहते थे। बैठने में दूसरी करवट बदलते हुए शुब्बू ने धीरे से पूछा, "लेकिन भागेंगे कैसे?" "सुन, अभी उस राक्षस का दिल तुझ पर आया हुआ है, इसलिए केयरटेकर तेरी बात सुनेगा। यहाँ ऐसा ही होता है। लेकिन हमें अभी एक-दो दिन का इंतजार करना पड़ेगा, ताकि सबकुछ नॉर्मल हो जाए। लेकिन सबको तैयार रहना पड़ेगा। जब स्कूल जाएँगे तो निकल लेंगे।" राकेश ने सभी से कहा। दो दिन बाद चारों लड़कों को मौका मिला और वे होम से भाग निकले।

गार्ड ने फोन कर राजा को चार लड़कों के स्कूल से वापस चारों लड़कों के भाग जाने की खबर सुनकर तुरंत ही राजा अपनी गाड़ी लेकर होम में पहुँच गया। गेट से निकलते ही उसने केयरटेकर को गाली देना शुरू कर दिया, "तुझे किसलिए मैंने यहाँ बिठाया हुआ है? कैसे भाग गए?" केयरटेकर सिर झुकाकर बोला, "सर, वह नयावाला और पुराने तीनों लड़के हैं।" वह समझ गया कि चारों वही लड़के हैं, जिनको पिछले कुछ दिनों में उसने अपनी हवस का शिकार बनाया है। यह सुनकर वह राजा थोड़ा सा गंभीर हो गया। फिर बोला, "ठीक है, इस बात की खबर किसी को नहीं लगनी चाहिए और पेपर्स में लड़कों को यहीं होम में ही दिखाना।" फिर कुछ सोचकर बोला, "उन पोस्टर्स का

क्या हुआ, अभी छपे या नहीं?" "आज रात को आ जाएँगे, सर।" "उन पर डोनेशन के लिए जो बैंक अकाउंट दिए हुए हैं, वह एक बार चेक कर लेना। फिर मुझे व्हाट्सएप भी कर देना।" राजा ने कहा। "हाँ, एक बात और" केयरटेकर के कुछ बोलने से पहले ही राजा ने कहा, "मुझे बैंक अकाउंट्स के बैलेंस का डिटेल भी भेज देना। पिछली बार विदेशों से थोड़ा कम फंड आया था। इस बार कौन-कौन से बच्चों की फोटो लगवाई है?" राजा ने एक साँस में कई सवाल केयरटेकर पर दाग दिए। "सर, वह तीन हैं, जोकि पिछले साल ही अपने होम में आए हैं, आपने ही सिलेक्ट किए थे।" केयरटेकर ने जवाब दिया। यह सुनकर राजा ने थोड़ा सोचा और बोला, "ओह! हाँ, याद आया, वे देखने में काफी गरीब नजर आ रहे थे। वे फोटो भी मैंने देखे थे। उन फोटो को अपनी वेबसाइट पर भी लगवा देना और अपने इंटरनेशनल फंड रेजिंग में भी उसका इस्तेमाल करना है। डिजिटल टीम को बोल देना।" राजा लगातार केयरटेकर को बोले जा रहा था। केयरटेकर लगातार सिर झुकाए हाँ में हाँ मिलाए जा रहा था। "ठीक है, जब आ जाएँ तो तुरंत लगवा देना। जो जगह तुम्हें बताई है, वहीं पर लगने चाहिए।" राजा बोला। "ठीक है सर!" केयरटेकर ने सिर हिलाकर कहा।

राजा लगातार मन-ही-मन में हिसाब लगा रहा था कि पिछले छह महीनों में उसके पास कितना विदेशी फंड आया है। राजा के पास तीन चिल्ड्रन होम थे। एक लड़कियों का और दूसरा लड़कों का। कुल लगभग 100 से ज्यादा बच्चे फिलहाल उसके दोनों होम में थे। इनके दम पर ही उसने पिछले कुछ सालों में लगातार विदेशों से काफी फंड जुटाया है। अब उसने कुछ नए देशों से फंड जुटाने की सोची थी। लिहाजा उसने एक पूरी डिजिटल टीम रखी थी, जोकि इन तसवीरों और पोस्टर्स के जरिए फंड जुटाने में लगी रही थी। उसने नए पोस्टर्स बनवाए थे, जोकि पूरे शहर में लगनेवाले थे।

गहरे काले रंग के राजा की कोशिश रहती थी कि कुछ गोरे बच्चे उसके चाइल्ड होम में हों। इसके लिए राजा मणिपुर या नॉर्थ-ईस्ट के किसी राज्य से बच्चों को अपने यहाँ मँगाता रहता था। इस काम में वह मणिपुर चाइल्ड वेलफेयर कमेटी के लेटर हेड का इस्तेमाल करता था। हालाँकि वह जानता था कि यह सब गैर-कानूनी थीं, लेकिन राजा को लाल झंडेवाली पार्टी का वरदहस्त था।

केयरटेकर को इंस्ट्रक्शन देने के बाद राजा तुरंत गाड़ी में बैठा और पार्टी ऑफिस की ओर चल पड़ा, जिस इलाके में राजा के चाइल्ड होम थे, वहाँ राजा पार्टी के काम करता रहता था। राजा को उम्मीद थी कि पार्टी उसके काम से खुश होकर उसे एक दिन विधायक का टिकट देगी, इसलिए पूरे शहर में अकसर राजा अपने पोस्टर लगवाता रहता था। कभी-कभी पार्टी के प्रोग्राम में वह बच्चों को भी भेज देता था, ताकि भीड़ दिखाई जा सके। राजा ने अपने घर और अपने चाइल्ड होम तक पर लाल झंडा लगवाया हुआ था।

पार्टी ऑफिस में घुसने से पहले ही राजा ने एक बड़ा सा गिफ्ट खरीद लिया था, ताकि पार्टी के ऑफिस इंचार्ज को खुश कर सके। दफ्तर में घुसते ही वह एक थैला हाथ में लेकर सीधा पार्टी इंचार्ज के कमरे में घुस गया। "आओ राजा, क्या हाल हैं?" ऑफिस इंचार्ज वेणुगोपाल सामने ही बैठे हुए थे। "वड़क्कम सर।" राजा ने हाथ का गिफ्ट वेणुगोपाल को पकड़ाते हुए कहा। वेणुगोपाल ने वह थैला उठाकर अपने पास रख लिया। "राजा, तेरे होम में कुछ हुआ है क्या?" यह सुनते ही राजा थोड़ा परेशान-सा हो गया। "नहीं तो साहब," वेणु से राजा ने कहा। "तेरे चार लड़के होम से भाग गए हैं।" इतना सुनते ही राजा के पाँव तले जमीन खिसक गई। उसे लगा कि अभी कल रात को ही तो भागे हैं, लेकिन एक ही दिन में यहाँ तक खबर पहुँच गई। "जी सर, वे चार लड़के स्कूल के बाद ही भाग गए थे।" राजा ने कहा। "हाँ, मुझे

मालूम है। वे बस स्टैंड पर पुलिस को मिले हैं, लेकिन एक गड़बड़ हो गई है।" वेणु ने कहा। "बच्चों को लोकल सी.डब्ल्यू.सी. ने पकड़ लिया है।" अब तो राजा एकदम चिंतित हो गया। "लेकिन तुम फिक्र मत करो। मैंने बोल दिया है। ज्यादा कुछ नहीं होगा। हाँ, पूछताछ जरूर होगी। बस खयाल रहे, अखबारों में मामला न छपे।" "सर, मुझे बचा लीजिए।" राजा ने हाथ जोड़कर कहा। "तुम फिक्र मत करो, राजा! इतने दिनों तक तुमने जो सेवा की है, उसका फल तो मिलेगा ही। पुलिस को बोला हुआ है, बस सी.डब्ल्यू.सी. और बाकी लोगों को मैनेज कर लेना।" वेणु ने कहा। "ठीक है सर, मैं करता हूँ।" इतना कहकर राजा नमस्कार कर पार्टी दफ्तर से बाहर निकल गया।

दफ्तर से बाहर निकलते ही राजा का फोन घनघना उठा, गाड़ी में बैठते हुए राजा ने जेब से फोन निकालकर देखा तो होम के केयरटेकर का नंबर था। "हाँ बोलो।" "सर, वे चार लड़के जो भागे थे, वे पकड़े गए हैं।" "हूँ," राजा ने हामी भरी। "सर, अब क्या करें? लोग फोन करके पूछ रहे हैं।" "कोई नहीं, तुम कहो कि वे खुद ही भागे थे। इससे आगे मुझे नहीं पता।" इतना कहकर राजा ने फोन काट दिया। राजा ने ड्राइवर को चलने के इशारे से पहले एक नंबर और डायल किया। ये जैसमिन का नंबर था। "हैलो राजा," उधर से आवाज आई। "जी मैडम, क्या हाल हैं?" राजा बोला। उधर से महिला ने अपनी मधुर आवाज में पूछा, "कहो, कैसे याद किया राजा?" "मैडम, मेरे चार लड़के खुद भाग गए थे। अब गिरफ्तार हो गए हैं। वह इंस्पेक्टर थोड़ा खड़ूस है, उनको छुड़वा दो।" राजा ने एक साँस में पूरी कहानी बता दी। राजा का पूरी बात सुनने के बाद उधर से महिला ने कहा, "ठीक है, कोशिश करती हूँ।" उधर से फोन पर जवाब आया।

जैस्मिन केरल के इस छोटे से खूबसूरत जिले की एक ऐसी महिला थी, जिसकी पुलिस में काफी पकड़ थी। पार्टी के नेताओं के अलावा

राजा ने अपने बाकी साथी भी इस परेशानी से निबटने के लिए लगा दिए थे। थोड़ी देर में जैस्मिन का फोन राजा के नंबर पर बजा। "मैडम," राजा ने तुरंत फोन उठाकर कहा। "राजा, तुम्हारा केस थोड़ा बिगड़ गया है। उन लड़कों ने बयान दिया है कि तुम उनके साथ बलात्कार किया करते थे। साथ में एक टी.वी. रिपोर्टर ने वह स्टोरी चला दी है। मैं स्टोरी का लिंक भेज रही हूँ।" यह सुनकर राजा का चेहरा काला स्याह पड़ गया। "मैडम, सँभाल लो, मैं बरबाद हो जाऊँगा, जो खर्चा आएगा, मैं करूँगा।" इतना सुनकर मैडम ने कहा, "थोड़ी देर में 10 पेटी भिजवा दो तो कोशिश करती हूँ।" "ठीक है," इतना कहकर राजा ने फोन काट दिया। अब राजा को पता था कि जितनी जल्दी पैसा पहुँचेगा, उतनी जल्दी मामला सँभाला जा सकता है। उसने तुरंत केयरटेकर को फोन लगाया। "जी सर," उधर से आवाज आई। "सुनो, मैं एक एड्रेस भेज रहा हूँ। जल्दी से 10 पेटी वहाँ भिजवा दो। कितना टाइम लगेगा।" "साहब, पैसे तो तुरंत तैयार हो जाएँगे। बस आप एड्रेस भेज दें।" केयरटेकर ने कहा। "तुम्हारे फोन पर एड्रेस आ गया है।" राजा गुस्से में बोला, "अगले आधे घंटे में पैसा पहुँच जाना चाहिए, बस।" इतना कहकर राजा ने फोन काट दिया और जैस्मिन मैडम का नंबर मिलाया। उधर से दो घंटी में ही फोन उठ गया। "मैडम, वह आधे घंटे में पहुँच जाएगा।" इतना सुनते ही मैडम ने कहा, "ठीक है, शाम तक काम हो जाएगा और हाँ, अपनी यह लौंडेबाजी थोड़ी कम करो। वह नॉर्थ-ईस्ट वाला तुम्हारा मामला भी उन्होंने पुलिस को बताया है।" राजा को मालूम था कि अब मैडम सब सँभाल लेंगी। मैडम के साथ राजा की यह पहली डील नहीं है, बल्कि मैडम ने पहले भी कई बार राजा को बचाया था, इसलिए राजा थोड़ा निश्चिंत था। वहाँ से वह सीधा होम में चला गया। जब तक वह होम पहुँचा, उसको मैसेज आ चुका था कि पैसे मैडम के पास पहुँच चुके हैं। लिहाजा उसने अंदरवाले कमरे में जाकर थोड़ी मालिश कराई और

सो गया। अचानक बाहर से दरवाजा खटखटाने की आवाज आई। राजा चौंककर उठ गया। गहरी नींद टूटने की वजह से थोड़ा नाराज राजा अचानक शांत हो गया, उसे याद आ गया कि पुलिसवाला मामला गरम है। उसने तुरंत जाकर दरवाजा खोला। सामने केयरटेकर खड़ा था। "सर, वह मैडम का मैसेज आया है। कल सेंटर से एक टीम आनेवाली है, इसलिए हमें तुरंत सब साफ करना होगा। मैडम ने यह भी कहा है कि अभी तो पुलिस कुछ नहीं करेगी, लेकिन ज्यादा दबाव अब वह नहीं झेल पाएगी।" यह सुनकर राजा थोड़ा परेशान तो हुआ, लेकिन फिर कुछ सोचकर उसने कहा, "ठीक है, तुम सब लोग सफाई कर दो, सारी बोतलें और लैपटॉप फार्म हाउस पर पहुँचा दो। मेरा कमरा बिल्कुल साफ कर दो। मैं ऑफिस में हूँ, यहाँ की सफाई कर उधर आ जाओ।" इतना कहकर राजा अपने ऑफिस की तरफ बढ़ गया।

दफ्तर में पहुँचते ही वह टी.वी. चैनल चेंज करने लगा कि कहाँ क्या चल रहा है। उसने वह चैनल भी देखा, जिसकी क्लिप मैडम ने उसे भेजी थी। हालाँकि अब चैनल पर उसे ऐसा कुछ नहीं दिख रहा था, इसलिए उसने थोड़ी चैन की साँस ली।

थोड़ी देर में उसके दफ्तर में केयरटेकर बड़ा सा बैग और तीन लड़कों को लेकर आ गया। उनके दफ्तर में कई अलग-अलग रंग के रजिस्टर थे। सिर्फ लाल रंग के रजिस्टर छोड़कर बाकी उन्होंने उस बैग में डाल लिये। साथ ही अलग-अलग तरह के लेटरहैड भी उन्होंने उसमें डाल दिए। बहुत सारे पैसे के बंडल भी एक अलमारी में पड़े हुए थे। उन्हें भी उस बैग में भर दिया गया। इसके बाद उसे अच्छे से बंद करके उन्होंने गाड़ी में रख दिया।

केयरटेकर एक बार फिर राजा के ऑफिस के दरवाजे पर खड़ा था। "सर, सब हो गया है।" उसने दरवाजे पर खड़े-खड़े कहा। "ठीक है, चलो, एक नजर मार लेते हैं।" इतना कहकर राजा पूरे होम

में चक्कर मारने चल पड़ा। लड़कियों और लड़कों दोनों के होम में चक्कर मारने के बाद अब वह संतुष्ट था। पहले भी कई बार उसके होम पर छापा पड़ चुका था। लेकिन कभी भी उस पर कोई आँच नहीं आई थी, इसलिए वह थोड़ा संतुष्ट था। "ठीक है, मैं अभी जाता हूँ, कल सुबह तक एक बार और पूरे होम और खासकर मेरे ऑफिस को साफ कर देना।" केयरटेकर की ओर देखकर राजा ने कहा। इतना कहकर वह गाड़ी की तरफ बढ़ गया।

सुबह से काम करते-करते केयरटेकर काफी थक गया था, लिहाजा उसने बिना कुछ और किए सीधे दो पैग लगाए और अपने बेड पर लेट गया।

अगले दिन सुबह 10 बजे तक केयरटेकर बच्चों को नाश्ता देने के बाद तैयार होकर राजा के ऑफिस में आकर बैठ गया था। इतने में उसे याद आया कि टेबल के नीचे कुछ लेटरहैड छुपाकर रखे थे, ताकि मणिपुर से आनेवाले बच्चों के लेटर वह तैयार कर सके।

यह याद आते ही उसने तुरंत टेबल का शीशा ऊपर किया और कपड़े के नीचे से दो लेटरहैड निकाल लिये। राजा के आने का टाइम हो रहा था। लिहाजा उनको जलाने या कहीं बाहर लेकर जाने का टाइम नहीं था। यह सोचकर केयरटेकर ने दोनों लेटरहैड फाड़कर उनके छोटे-छोटे टुकड़े कर डस्टबिन में डाल दिए। इतने में राजा की गाड़ी का हॉर्न बजा, केयरटेकर भागकर बाहर पहुँचा। राजा तुरंत गाड़ी से उतरा, "सेंटर की टीम आ गई है। बस आनेवाली है। सभी बच्चों को जाकर एक बार समझा दो।" यह सुनकर केयरटेकर तुरंत तेज कदमों से होम के कमरों की तरफ बढ़ गया। बच्चों से बात करके वह वापस नीचे पहुँचा ही था कि वहाँ सेंटर की एक टीम पहुँच चुकी थी। अकसर होम में हो रही गड़बड़ियों और बच्चों की स्थिति के बारे में पता लगाने स्टेट और सेंट्रल की टीम आती ही हैं। जोकि अकसर बच्चों के रजिस्टर चेक करती है या

फिर बच्चों को किसी तरह की कोई परेशानी नहीं है, यह जानती हैं। राजा निश्चिंत था कि सबकुछ ठीक है। बाकी की तरह इस टीम के लोगों को भी खिला-पिलाकर वापस भेज देंगे।

सेंट्रल टीम को दो गाड़ियाँ पहुँच चुकी थीं। दरवाजे खोले गए और गाड़ियाँ अंदर आ गईं। टीम में केंद्र के दो ऑब्जर्वर के साथ-साथ कुछ अधिकारी भी थे। राजा जानता था कि दोनों ऑब्जर्वर को ही टारगेट करना है। अधिकारी तो उसे अच्छे से जानते ही थे। पूरी टीम ने दोनों होम में घूमना शुरू कर दिया। टीम के अधिकारी एक-एक कमरे में जाकर बच्चों से भी बात कर रहे थे। एक कमरे के बच्चे, जोकि थोड़े बड़े-बड़े थे, उनसे बातचीत में एक ऑब्जर्वर को पता चला कि सत्तारूढ़ पार्टी के एक विधायक के राजनीतिक कार्यक्रम में इसमें से कुछ बच्चे गए थे। इसके बाद तो टीम ने उसके दफ्तर की छानबीन करनी शुरू कर दी। जब बच्चों की गिनती की गई तो बच्चे 97 थे, लेकिन रजिस्टर में बच्चे 101 थे।

"ये चारों कहाँ हैं?" सेंट्रल टीम के एक व्यक्ति ने पूछा। इस सवाल के बाद राजा ने केयरटेकर की ओर देखा।

"सर, वे अपने घर गए हैं।" केयरटेकर ने जवाब दिया। "ठीक है, उनके घर पर बात कराओ।" उसी टीम मेंबर ने दोबारा कहा। इस पर केयरटेकर चुप हो गया। इतने में अभी तक चुप खड़े सेंट्रल टीम के लीडर ने फोन निकाला और एक वीडियो दिखाया, "क्या ये चारों ही मिसिंग बच्चे हैं?" इसको देखते ही राजा और केयरटेकर के चेहरे फक्क पड़ गए। इसके बाद टीम द्वारा राजा के ऑफिस में सारी फाइलें दोबारा खँगाली जाने लगीं। राजा ने इशारा किया तो केयरटेकर एक ऑब्जर्वर से धीरे से कहने लगा, "सर, एक मिनट सुनेंगे?" यह सुनकर ऑब्जर्वर ने कहा, "हाँ, क्यों नहीं, हम आपको सुनने ही आए हैं। बोलिए, क्या बोलना है।" "सर, वह कुछ लेकर अगर···" इतना बोलना था कि ऑब्जर्वर ने सख्ती से कहा, "क्या कहना चाहते हो, साफ-साफ कहो।"

इतना सुनने के बाद केयरटेकर की आगे कुछ कहने की हिम्मत नहीं हुई। अचानक दूसरे ऑब्जर्वर ने डस्टबिन में हाथ डाल दिया और उसमें से कुछ टुकड़े निकाले। "इस डस्टबीन को सीज करो।" दूसरे ऑब्जर्वर ने कहा। बाकी टीम के सदस्य तुरंत डस्टबिन के पास पहुँच गए और उसमें फटे हुए कागजों को जोड़ने लगे। जब कागज जुड़ गए तो वह एक मणिपुर के चिल्ड्रन होम का खाली लेटरहैड निकला। "यह यहाँ क्या कर रहा है, मिस्टर राजा ?" ऑब्जर्वर ने पूछा। "सर, मुझे मालूम नहीं कि यह यहाँ कैसे आया है।" राजा ने मिमियाते हुए जवाब दिया। "यह रजिस्टर और डस्टबिन से निकला खाली लेटरहैड सीज करो, फोटोग्राफ लो और कार्रवाई क्लोज करो।" लीडर ने टीम से कहा। राजा ने कोई चारा न देख लीडर के पाँव पकड़ लिये, "सर, मुझे बचा लीजिए, आपको जो चाहिए, मैं दूँगा।" "राजा साहब, जो मुझे चाहिए, वह सब मेरे पास है।" ऑब्जर्वर ने सख्त लहजे में कहा। अब राजा के पास कोई चारा नहीं बचा। लिहाजा वह चुपचाप अपनी चेयर पर जाकर बैठ गया। इस बीच टीम ने अपने सीज किए हुए सामान की लिस्ट बनाई और राजा के साइन करवाकर सब सामान गाड़ी में रखवा दिया।

दो दिन के बाद राजा और उसके चाइल्ड होम को नोटिस आ गया। इसके साथ ही शुब्बू और राकेश ने सी.डब्ल्यू.सी. के सामने अपना सेक्सुअली असॉल्ट का बयान दे दिया। उसके आधार पर राजा और उसके होम पर एफ.आई.आर. दर्ज हो गई और उसे जेल जाना पड़ा। राजा के चाइल्ड होम पर सरकार ने अपना एडमिनिस्ट्रेटर बिठा दिया और बच्चों को दूसरे चाइल्ड होम में शिफ्ट कर दिया। हालाँकि इतना सब हो जाने के बाद आज भी उस काले राक्षस का भय बच्चों के भीतर से गया नहीं है। राकेश और शुब्बू अब भी उस काले राक्षस की ज्यादतियों को सोचते हैं तो सिहर जाते हैं।

□

टपकती छत

बारिश आनेवाली थी, मिसेज मिश्रा थोड़ी चिंता में थीं, अपनी पुरानी सी चेयर पर बैठकर मिसेज मिश्रा बच्चों को खेलते हुए देख रही थीं, जो आँगन में अकसर शाम को कोई खेल खेल रहे होते थे। उनकी मासूम हँसी को देखकर मिसेज मिश्रा खुश तो हो रही थीं, लेकिन सोच भी रही थीं कि जब बारिश आती है तो बच्चों के कमरों से टपकती हुई छतों के पानी के साथ-साथ सड़क का जो गंदा पानी इस आश्रम के अंदर आता है, उससे कैसे निबटा जाएगा?

"दादी आओ, हम एक मिलकर गाना गाते हैं।" पिंकी ने मिसेज मिश्रा का हाथ हिलाकर उन्हें आँगन में बुलाया। अकसर ऐसा होता था कि कभी पिंकी या राजू आकर मिसेज मिश्रा को आँगन में ले जाते थे। जहाँ वे मिलकर अकसर 'इतनी शक्ति हमें देना दाता, मन का विश्वास कमजोर हो ना' गाया करते हैं। पिंकी आज फिर मिसेज मिश्रा को उनका हाथ पकड़कर सभी बच्चों के बीच लेकर चली आई। बच्चों के बीच में आकर मिसेज मिश्रा भी बहुत ही खुश हो जाता करती थीं। अब तो ये बच्चे ही उनका सबकुछ हैं। पिछले 40 सालों से मिसेज मिश्रा इन बच्चों की देखभाल में लगी हैं। बच्चों के अलग-अलग बैच आते हैं, जिनको पढ़ाकर और पालकर मिसेज मिश्रा नौकरियों पर लगा देती हैं। फिर वे बच्चे अपनी-अपनी जिंदगियों में लग जाते हैं, लेकिन मिसेज मिश्रा फिर

नए बच्चों को पढ़ाने और पालने-पोसने में लग जाती हैं। मिसेज मिश्रा को बड़ी खुशी होती है, जब कोई बच्चा वापस आकर उनको धन्यवाद देता है। तो मिसेज मिश्रा बहुत खुश हो जाती हैं। पूरा शहर जानता है कि मिसेज मिश्रा को बच्चों से कितना प्यार है। खैर, यह शहर भी ऐसा ही है, जहाँ महारानी अहिल्याबाई होलकर ने प्रजा को बच्चों की तरह से प्रेम किया, ऐसी जगह पर तो बच्चों के प्रति मिसेज मिश्रा का प्रेम न तो अलग था और लोग भी मिसेज मिश्रा के साथ-साथ बच्चों की मदद भी किया करते थे। खैर, पिछले कुछ सालों से मिश्रा मेडम इस पुराने टूटे हुए मकान को तुड़वाकर बच्चों के लिए अच्छी बिल्डिंग बनाने के बारे में कोशिश कर रहे हैं। फिलहाल उनकी फाइल म्युनिसिपल कॉरपोरेशन की टेबल पर धक्के खा रही है।

होम के वकील साहब मिसेज मिश्रा से मिलने आए हुए थे। बच्चे अपने कमरों में आराम कर रहे थे।

"वकील साहब, आइए-आइए।" मिसेज मिश्रा ने गरमजोशी से वकील अमित सोनी का स्वागत किया। "नमस्कार मैडम।" अमित ने हाथ जोड़कर मिसेज मिश्रा को नमस्कार किया। "आइए बैठिए, अरे धीरज, जरा साहब के लिए चाय लेकर आओ।" चपरासी को आवाज

लगाकर मिसेज मिश्रा ने कहा। कुरसी हाथ से खींचकर वकील साहब बैठ गए। उधर कुरसी में लगभग धँसते हुए मिसेज मिश्रा ने पूछा, "वकील साहब, वह हमारी अर्जी का क्या हुआ?" "मैडम, आपके इस आश्रम के पीछे पूरे इंदौर का लैंड माफिया पड़ा हुआ है। उन्होंने सारे अधिकारियों को भी पैसा खिला दिया है। मैं पाँच बार कमिश्नर के पास होकर आ गया हूँ, लेकिन वह हर बार बिल्डिंग प्लान को रिजेक्ट कर देता है। मैं तो कह रहा हूँ कि इसको शिफ्ट कर लो।" इतना कहना था कि मिसेज मिश्रा ने वकील को बीच में ही टोक दिया, "वकील साहब, कैसे बेच दूँ? मेरे 50 बच्चे हैं। इनका क्या होगा? क्या होगा?" वकील सोनी ने कहा, "अरे, जो जमीन के पैसे मिलेंगे, उनसे दूसरी जगह ले लेना। अब यह जमीन तो ऐसे भी लीज पर ही है। सरकार ने 99 साल के लिए दी है। ऐसे में लीज को दे दोगे तो अच्छे पैसे मिल जाएँगे।" वकील बोला। "लेकिन वकील साहब, एक बात बताओ, ये म्युनिसिपलवाले बिल्डिंग प्लान मंजूर नहीं कर रहे, फिर लीज ट्रांसफर कैसे मंजूर होगा? साथ ही हमारा और सरकार का एग्रीमेंट है कि यहाँ बाल आश्रम के अलावा और कुछ नहीं किया जा सकता है। बिल्डर तो यहाँ बिल्डिंग बनाएगा, वह भी कमर्शियल। वह कैसे मंजूर हो जाएगा?" मिसेज मिश्रा ने सवाल उठाया।

"मैडम, आप तो समझती हैं, सब पैसे का खेल है। वह कमिश्नर बार-बार बोलता है कि मैडम, मिश्राजी को बोलो, कुछ बेहतर देखें।" वकील ने कहा।

"वकील साहब, उस कमिश्नर से बोलना कि बिल्डरों की दलाली बंद करें। यहाँ 50 अनाथ बच्चों को न मैं सिर्फ पाल रही हूँ, बल्कि उन्हें पढ़ा भी रही हूँ। ऐसे में उनका धर्म नहीं है कि इस परोपकार के काम में मदद करें। उनको बस कुछ लाख रुपए कमाने की पड़ी है। इन बच्चों की जिंदगी का क्या होगा? यहाँ आसपास स्कूल हैं, टीचर हैं, अस्पताल हैं, बाजार हैं। बच्चों को आसानी से डोनेशन भी मिल जाता है। कुछ

लड़के-लड़कियाँ यहाँ बच्चों को पढ़ाने भी आ जाते हैं। अगर यहाँ से चले जाएँगे तो बच्चों के स्कूल का क्या होगा, उनकी पढ़ाई का क्या होगा, कभी सोचा है आपके उस कमिश्नर और उसके बिल्डर साथियों ने?" यह कहते-कहते मिसेज मिश्रा का चेहरा तमतमा उठा। "इनसे अच्छे तो राम बाबू हैं, जो हमारी मदद के लिए हमेशा तैयार रहते हैं। वे आनेवाले हैं, अगले हफ्ते उनसे चर्चा करके हम यहाँ सेंट्रल फंड लाने की कोशिश कर रहे हैं। बस तुम हमारी डी.पी.आर. ही पास करा दो। वकील साहब, अब यह बताओ, बारिश आनेवाली है। वह अंदर कमरों में पानी आता है। ये पुरानी खपरैलवाले कमरे हैं। अब वह तुम्हारा कमिश्नर इसे भी ठीक नहीं होने दे रहा है।"

"नहीं-नहीं मैडम, वह मेरा कमिश्नर नहीं है। वह तो जो वहाँ से मुझे बोला, मैंने आपको आकर बता दिया। वहाँ तो पूरे स्टाफ को ही बिल्डरों ने पैसे पहुँचा दिए हैं। ऐसे में अब हम क्या कर सकते हैं? हमने भी अपने कागज तो पूरे जमा कर दिए हैं। फिर रिमाइंडर लगातार भेज ही रहे हैं। जरूरत पड़ी तो कोर्ट में भी अर्जी लगाएँगे।" इतने में धीरज पानी और चाय साथ-साथ लेकर आ गया। "लो वकील साहब, चाय लो।" मिसेज मिश्रा ने चाय आगे बढ़ाते हुए कहा। "ये रामबाबू, कौन से दिन आ रहे हैं?" वकील सोनी ने मिसेज मिश्रा से पूछा। "अब यह तो मैं अभी नहीं बता सकती। वह जब दिल्ली से चलेंगे तो फोन करके हमें बता देंगे। उनका कहना था कि बिल्डिंग का फंड वह सेंटर से दिलवा देंगे। बस यहाँ बिल्डिंग प्लान को मंजूरी मिल जाए।" मिसेज मिश्रा ने जवाब दिया।

"वो ही तो परेशानी है मैडम, आपका यह आश्रम शहर के बिल्कुल बीचोबीच आ गया है। बड़ा ही मौके का प्लॉट हो गया है।" वकील सोनी बोले जा रहा था। अचानक मिसेज मिश्रा ने बीच में टोकते हुए कहा, "वकील साहब, हम यहाँ प्रॉपर्टी के लिए नहीं बैठे हैं। ये बच्चों के लिए

काम कर रहे हैं। जब सरकार ने हमें यह जगह दी थी तो यहाँ कुछ भी नहीं था। हमारे बच्चों का बचपन यहाँ जुड़ा हुआ है। कितने ही बच्चे यहाँ से निकलकर जीवन में अच्छा कर रहे हैं। हम कैसे इस आश्रम के पैसे लगवा लें? मुझे तो समझ नहीं आ रहा, हम कानूनी तौर पर सही हैं। मैंने आज तक कोई गलत काम किया नहीं, फिर ये पूरे इंदौर के बिल्डर इस बिल्डिंग के पीछ ही क्यों पड़ गए हैं? यह सरकारी अधिकारियों को तो समझना चाहिए।"

मिसेज मिश्रा की यह बात सुनकर वकील अमित सोनी थोड़ी देर चुप हो गए। फिर चाय की एक चुस्की लेकर बोले, "मैं एक बार दोबारा कोशिश करता हूँ।" इतना कहकर वकील साहब उठ खड़े हुए। मिसेज मिश्रा भी उठीं, "वकील साहब, रामबाबू जैसे ही आएँगे, मैं आपको भी खबर कर दूँगी।"

इसके तुरंत बाद वकील अमित सोनी दरवाजे की ओर बढ़ गए। इतने में धीरज खाली कप लेने के लिए आ गया, "मैडम, यह वकील तो बिल्डरों की तरफ से ही बात करने आया था।" धीरज ने शिकायत करते हुए कहा। धीरज की बात को समझते हुए मिसेज मिश्रा ने हाँ-में-हाँ मिलाते हुए कहा, "हाँ धीरज, बात तो तुम ठीक कह रहे हो, लेकिन इस शहर में कोई ऐसा वकील मुझे तो दिखता नहीं है, जो बिल्डरों से अलग जा सके।" मिसेज मिश्रा ने धीरज को समझाया कि उन्हें सब मालूम है, "लेकिन हमें काम भी इनसे ही करवाना है, इसलिए रामबाबू के बारे में इसे बोला।" मिसेज मिश्रा ने अपनी बात पूरी की।

धीरज समझ गया कि मिसेज मिश्रा को पूरी बात की समझ है। "धीरज, अब बच्चों को तो पालना ही है। ये सब बिल्डर तो इस आश्रम को हथियाने के चक्कर में सालों से लगे हुए हैं।" मिसेज मिश्रा ने कहा। "लेकिन तुम देखना, रामबाबू सब ठीक कर देंगे। वे सबकुछ जानते हैं, इसलिए मैंने वकील को भी बोल दिया कि वे दिल्ली से आनेवाले हैं। वे

केंद्र से फंड भी लेकर आनेवाले हैं।" इतना कहकर मिसेज मिश्रा उठकर बाहर की तरफ निकल गईं।

लंबे समय के बाद आखिरकार रामबाबू भी दिल्ली से इंदौर पहुँच ही गए। आते ही वह सीधे आश्रम में पहुँचे, जहाँ मिसेज मिश्रा उनका इंतजार कर रही थीं। "रामबाबू, आइए-आइए, आपका इंतजार ही कर रही थी।" रामबाबू को बैठने का इशारा करते हुए मिसेज मिश्रा ने कहा। रामबाबू ने कुरसी पर बैठते हुए कहा, "हमने डी.सी. को डी.पी.आर. के लिए कह दिया है। कल अधिकारी आएँगे, इंस्पेक्शन के लिए।" "क्या बात कर रहे हैं।" रामबाबू की बात पर मिसेज मिश्रा ने चहकते हुए कहा। "मिश्राजी, पिछले दो सालों से इस इंस्पेक्शन के लिए म्युनिसिपल ऑफिस के चक्कर लगाते घूम रहे थे। बहनजी, ये बच्चे मेरे भी दिल के बहुत करीब हैं। इनके लिए मैं जो भी कर सकता हूँ, करूँगा। मैंने वहाँ पार्टी ऑफिस में भी कहा था, वहाँ से मुख्यमंत्री को मैसेज आया। उसके बाद ही अधिकारी इंस्पेक्शन के लिए तैयार हुए हैं। जल्द ही डी.पी.आर. भी तैयार हो जाएगी।" अगले दिन सुबह अधिकारियों की एक टीम ने आकर उस आश्रम के पाँच कमरों का इंस्पेक्शन किया। शाम को मिसेज मिश्रा अपनी आराम वाली चेयर पर बैठी थीं, तभी रामबाबू का फोन आ गया, "बहनजी, नमस्कार।" रामबाबू ने मिसेज मिश्रा को उधर से कहा। "नमस्कार रामबाबू, आपका बहुत-बहुत धन्यवाद, आपकी वजह से कम-से-कम टीम इंस्पेक्शन करने तो आई।" मिसेज मिश्रा ने खुश होते हुए रामबाबू को धन्यवाद दिया। "बहनजी, वह रिपोर्ट का ड्राफ्ट तैयार हो गया है। अभी हमारी कमिश्नर से बात हुई थी। वह बोल रहा था कि जल्द ही डी.पी.आर. का प्रोसेस भी शुरू कर देंगे।" रामबाबू ने फोन पर मिसेज मिश्रा को जानकारी दी। "क्या बात कर रहे हो, रामबाबू, भगवान् आपको लंबी उम्र दे, आपका भला करे।" मिसेज मिश्रा ने सारे आशीर्वाद एक साथ देने शुरू कर दिए। उधर से रामबाबू भी खुशी-खुशी बोले,

"बहनजी, यह मेरा काम है, बच्चों को बेहतर छत मिल जाए तो इससे बढ़िया अपने लिए कुछ नहीं होगा।" "जी, बस मेरा भी यही मानना है कि बच्चों के भविष्य के लिए जो किया जा सकता है, वह किया जाए। वरना मैं भी बिल्डर्स से पैसे लेकर कहीं बाहरी इलाके में इस आश्रम को ले जाऊँ।" मिसेज मिश्रा ने कहा। "बहनजी, मैं जानता हूँ, इसलिए ही तो मैं दिल्ली से लेकर यहाँ तक आकर बैठा हूँ। ठीक है बहनजी, अब रखता हूँ।"

मिसेज मिश्रा बेशक अधिकारियों के इंस्पेक्शन की खुशी मना रहे थे, लेकिन उधर इस बात का पता लगते ही बिल्डर लॉबी एक्टिव हो गई। अगले एक हफ्ते में ही कमिश्नर म्युनिसिपल का ट्रांसफर हो गया। उधर रामबाबू अपनी पहचान में सभी जगह लगातार इस मुद्दे को उठाते रहे, लेकिन अगली दो बारिश भी बच्चे टपकती छतों के नीचे ही रहे। अभी तक मिसेज मिश्रा ने आस तो नहीं छोड़ी है, लेकिन निराश हैं। कुरसी पर बैठे-बैठे उन्होंने आवाज लगाई, "धीरज, वह कुछ बड़े प्लास्टिक के टब खरीद लाना। बारिश आनेवाली है..."

□

मोबाइल का लालच

हॉस्पिटल के उस कमरे में फ्लोरिना लेटी हुई थी, डॉक्टर्स की एक टीम उसका अबॉर्शन कर रही थी। 15 साल की फ्लोरिना को यकीन नहीं हो रहा था कि उसके साथ ऐसा हो गया है। अचानक उसने देखा कि खून का एक फव्वारा निकलकर डॉक्टर के चेहरे पर गिर जाता है। वह उसी का खून था, लेकिन कमर से नीचे उसका पूरा शरीर सुन्न था, लिहाजा उसे पता नहीं चल रहा था कि उसके साथ क्या हो रहा है। इतने में उसे लगा कि जैसे उसके शरीर का कुछ हिस्सा कम हो गया है। बस इसके बाद उसकी आँखें बंद हो गईं।

जब फ्लोरिना को होश आया तो वह एक बड़े से कमरे में थी, जहाँ एक बेड पर वह लेटी हुई थी। "ले, खा ले," नर्स ने उसे होश में आया हुआ देख, एक प्लेट में कुछ लिक्विड डाइट के साथ कुछ खाने को दिया। उस बोतल को मुँह में लगाते हुए उसे याद आ रहा था कि कुछ महीनों पहले तक कैसे वह अपने गाँव में पहाड़ों पर बकरियाँ चराया करती थी। उसे याद आने लगा कि उसकी माँ कैसे उसे बकरियाँ चराने भेजती थी। फिर वह अपने घर और माँ की यादों में खो गई।

"फ्लोरिना, ओ फ्लोरिना, जा मिथुन और बकरियों के लिए जंगल से घास लेकर आ जा," लड़की और घास से बनी झोंपड़ी के भीतर से फ्लोरिना की माँ ने ऊँची आवाज में फ्लोरिना से कहा। 15 साल की

फ्लोरिना को जंगल में जाकर घास लाना अच्छा नहीं लगता था। लेकिन इतनी गरीबी में सिर्फ बकरियाँ ही पूरे परिवार का सहारा थीं, इसलिए मन मारकर फ्लोरिना एक दराँती लेकर जंगल की ओर चल दी। असम और अरुणाचल के बॉर्डर के पास बसे इस छोटे से गाँव में ज्यादातर लोगों के पास छोटी-मोटी खेती थी, पहाड़ होने के कारण छोटे-छोटे खेत ही हुआ करते थे। बाकी टाइम मिथुन, बकरियाँ और अन्य जानवर ही लोग पालकर अपना गुजारा करते थे। गाँव से दो किलोमीटर की दूरी पर ही मेन सड़क थी, जो गुवाहाटी तक जाती थी, जोकि फ्लोरिना के घर से दिखाई देती थी। पहाड़ के बीच में बसे इस देउरी गाँव में कई लड़कियाँ कमाने के लिए गुवाहाटी और दिल्ली भी गई हुई हैं। कुछ ने अपने घरवालों को पैसे भेजना भी शुरू कर दिया है। अकसर लोगों के हाथ में मोबाइल देखकर फ्लोरिना भी सोचती थी कि काश, वह भी किसी बड़े शहर में जाकर पैसे कमाए और अपने माता-पिता को भेजे। घास काटते-काटते फ्लोरिना सोच रही थी। बस अब घर चलना चाहिए, आज के लिए इतनी घास काफी है। यह सोचकर फ्लोरिना ने घास की पोटली को अपनी पीठ पर बाँधा और नीचे घर की ओर उतरने लगी। जिस कच्चे रास्ते वह पहाड़

से उतर रही थी, वहाँ से गुवाहाटी जानेवाली सड़क बड़ी साफ दिख रही थी। बारिश के बाद यहाँ मौसम साफ था। लिहाजा वह नीचे उतरते-उतरते आती-जाती गाड़ियों को देखती हुई जा रही थी। घर पहुँचते ही उसने घर के आँगन में ही घास डाल दी और भागते हुए बोली, "माँ, मैं मंदिर जा रही हूँ, आज बिहु की प्रैक्टिस करनी है। इस बार भी बिहु पर डांस में मैं सेंटर में रहूँगी।" इतना कहकर फ्लोरिना लगभग भागते हुए निकल गई। घर से निकलते ही उसकी चप्पल टूट गई। कई सारी सिलाइयों और रिपेयर हुई चप्पल को हाथ में लेकर ही मंदिर की ओर बढ़ गई।

शाम के वक्त गाँव के सारे लड़के-लड़कियाँ मिलकर वहाँ नाचने और म्यूजिक की प्रैक्टिस करते हैं। बिहु आनेवाला था, लिहाजा बिहु पर डांस और भजन की प्रैक्टिस चल रही थी। फ्लोरिना अपने गाँव की सबसे अच्छी डांसर थी। वह बिहु में हमेशा सबसे सेंटर में रहकर डांस करती थी। पूरे जिले में होनेवाले सभी कल्चरल इवेंट्स में फ्लोरिना की वजह से उनको हमेशा बुलाया जाता था।

"वह फ्लोरिना आ गई," कृष्णा ने फ्लोरिना को देखकर कहा। "आज तू इतनी लेट कैसे हो गई?" कृष्णा ने फ्लोरिना से पूछा। "वह मेरी चप्पल टूट गई थी।" फ्लोरिना ने चप्पल दिखाते हुए कहा। "ओह, चल अब शुरू करते हैं।" "तुम लोग करो में, मैं थोड़ा पैर धो लूँ, ठीक है," इतना कहकर फ्लोरिना मंदिर की ओर बढ़ गई। पीछे से ढोल की थाप और लड़कियों का गुनगुना चल रहा था। हाथ-पैर धोकर फ्लोरिना ने मंदिर के दर्शन किए और फिर वापस डांस प्रैक्टिस के लिए आ गई। मंदिर के साथ ही यह एक बड़ा सा टीन शेड था, जिसमें नीचे फर्श था और गाँव के सभी संस्कृतिक कार्यक्रम होते थे।

चप्पल हाथों में लेकर फ्लोरिना वापस अपने घर पहुँची, घर पहुँचते ही अपनी चप्पलें माँ को दिखाते हुए फ्लोरिना ने कहा, "माँ यह देखो, फिर टूट गई है। अब मुझे नई दिलवा दो।" माँ ने चप्पलों को देखा, फिर

थाली में चावल डालते हुए बोली, "वह अपने बाबा को बोलो। मुझे कुछ नहीं पता। वे ठीक कराएँगे या नई देंगे।" इतना कहकर माँ फिर से अपने काम में लग गई।

फ्लोरिना समझ गई थी कि अब चप्पल मिलना मुश्किल है। बाबा वैसे तो खेती करते हैं, लेकिन पूरे गाँव में छंग* पीने के मामले में सबसे ऊपर हैं। थोड़ा-बहुत जो पैसा होता है, वह छंग में या राशन में ही निकल जाता है। चप्पल, कपड़े और दूसरी चीजें तो फ्लोरिना और उसके भाई के लिए बहुत ही मुश्किल हैं। लिहाजा उसने खुद ही चप्पल को ठीक करने की कोशिश शुरू कर दी। फ्लोरिना के माता-पिता जैसे भी थे, अपनी जिंदगी में खुश थे। लेकिन फ्लोरिना ऐसी नहीं थी, उसे अच्छे कपड़े, बढ़िया जूते, चप्पल, बड़ा सा फोन, सब चाहिए था। वह बाइक पर घूमना चाहती थी। कार में बैठना चाहती थी। लेकिन उसका पूरा गाँव बहुत ही पिछड़ा हुआ था, इसलिए वह गाँव से बाहर जाकर कुछ करना चाहती थी।

अगले दिन सुबह वह और उसकी पक्की सहेली कृष्णा नदी पर नहाने के लिए घर से साथ साथ निकले। "कृष्णा, वह मिस्टी, जो गाँव से नौकरी के लिए चली गई थी, उसका क्या हुआ?" "वह नौकरी कर रही है, वह भी दिल्ली में। उसने अभी हाल ही में नया फोन खरीदा है।" कृष्णा ने खुश होते हुए बताया। "लेकिन वह गई कैसे थी?" फ्लोरिना ने सवाल किया। "अरे, बाहर सड़क पर वह पान की दुकानवाला सोहेब अली है ना, उसने मिस्टी को दिल्ली में किसी के यहाँ नौकरी पर लगाया था।" कृष्णा ने जवाब दिया। इससे खुश होते हुए फ्लोरिना ने पूछा, "क्या वह मुझे भी गुवाहाटी या दिल्ली भेज देगा?" "वह तू उससे बात कर ले। मैं भी जाना चाहती हूँ, लेकिन तुझे तो पता है कि मेरी तो शादी होनेवाली है और मेरे पति के पास बाइक भी है और फोन भी, फिर मुझे दूर नहीं जाना है।" कृष्णा ने कहा। "तो क्या मैं सोहेब अली से बात करके

---

* एक प्रकार की देसी शराब

देखूँ?" फ्लोरिना ने पूछा। "हाँ, ठीक है, तू देख ले, क्या करना है।" तब तक दोनों नदी के किनारे पर पहुँच गई थीं। नदी के ठंडे पानी में दोनों नहाकर बाहर निकलीं और अपने-अपने घर चली आईं। लेकिन फ्लोरिना के दिमाग में यह बात घर कर गई थी। वह बस सोहेब और दिल्ली जाने के बारे में ही सोच रही थी। वह कई बार मिली है सोहेब से, गाँव के बाहर उसके पान की दुकान में, अकसर वह बाबा के लिए सिगरेट लेने जाती है। खाना खाने के बाद बाबा ने उसे बुलाया, "सुन फ्लोरिना, यह एक सिगरेट लेकर तो आना।" हाथ में दस रुपए का नोट पकड़ाते हुए बाबा ने कहा। पैसे हाथ में लेते हुए फ्लोरिना के मन में लड्डू फूट रहे थे। मानो उसकी मन की मुराद पूरी हो गई हो। "ठीक है बाबा, आती हूँ।" इतना कहकर फ्लोरिना तेजी से बाहर निकल गई। फ्लोरिना जानती थी कि सोहेब भी उसे अकसर छेड़ने की कोशिश करता है, लेकिन वह अभी तक तो उसको कोई भाव नहीं देती थी। चूँकि उसे मालूम था कि सोहेब उससे क्या चाहता है, इसलिए फ्लोरिना ने उससे ज्यादा मतलब नहीं रखा। 15 साल की फ्लोरिना दुनियादारी समझती तो थी, लेकिन अब उसके दिमाग पर वह बड़ा फोन और शहरी जिंदगी का ऐसा नशा छाया हुआ था कि वह सोहेब अली से भी मदद माँगने को तैयार थी। तेजी से चलती हुई फ्लोरिना अब सोहेब की दुकान पर पहुँच गई। "एक सिगरेट देना।" फ्लोरिना ने थोड़ा इठलाकर कहा। सोहेब ने उसे देखा और मुसकराकर बोला, "अरे फ्लोरिना, हम तो कब से तुम्हारा ही रास्ता देख रहे थे। कई दिनों से तुम्हें देखा नहीं था।" सोहेब ने फ्लोरिना का हाथ छूकर पैसे पकड़ते हुए कहा। "वह बाबा ने कई दिनों से यहाँ आने के लिए बोला ही नहीं।" थोड़ा शरमाते हुए फ्लोरिना ने कहा। फ्लोरिना को मुसकराते हुए देखकर सोहेब ने उसका हाथ पकड़ लिया और पूछा, "तुम बोलो क्या करना है?" सोहेब का इतना कहना था कि फ्लोरिना फट से बोली, "मुझे भी उस मिस्टी की तरह दिल्ली भिजवा दो।" यह

सुनते ही सोहेब के चेहरे पर एक कुटिल मुसकान आ गई। वह समझ गया कि मामला क्या है, उसने फ्लोरिना को अपनी छोटी सी दुकान में अंदर खींचते हुए कहा, "ठीक है, वह तो मैं भिजवा दूँगा, लेकिन यह बात किसी को पता नहीं लगनी चाहिए।" इतना कहकर सोहेब ने उसे दबोच लिया। थोड़ी देर के बाद फ्लोरिना अपने घर पहुँची तो थोड़ी थकी हुई लग रही थी। बाल भी थोड़े बिखरे हुए थे। "अरे फ्लोरिना क्या हुआ?" माँ ने उसे देखकर पूछा। "कुछ नहीं माँ, वह रास्ते में गिर गई थी। बस हाथ-मुँह धोकर आती हूँ।" इतना कहकर वह बाबा की सिगरेट को उनके हाथ में देकर बाहर निकल गई। फ्लोरिना को समझ नहीं आ रहा था कि दिल्ली जाने के नाम पर सोहेब ने जो उसके साथ किया, वह किसी को बताए या फिर चुपचाप से दिल्ली चली जाए। मुँह धोते हुए उसे दूर जाती हुई बस दिखाई दी और फिर वह अपने सपनों में खो गई। जहाँ वह फिल्मी हीरोइन की तरह अच्छे कपड़े पहन रही है, उसके पास कई जोड़ी जूते-चप्पल हैं और हाथों में बड़ा सा मोबाइल है। इसके बाद वह सबकुछ भूल गई और अगले दिन सोहेब के पास दोपहर को जाने का सोचने लगी।

भारत के इस हिस्से में दोपहर को ज्यादातर लोग खाना खाकर सोते हैं, इसलिए सोहेब अली ने फ्लोरिना को इस टाइम बुलाया था। जब फ्लोरिना एक जोड़ी कपड़ों के साथ उसकी दुकान पर पहुँची तो वहाँ पहले से ही सोहेब बाइक लेकर खड़ा हुआ था। फ्लोरिना के वहाँ पहुँचते ही सोहेब ने बाइक स्टार्ट की और निकल पड़ा बड़े बस स्टैंड की ओर। यह सब इतनी जल्दी-जल्दी हो रहा था कि फ्लोरिना को अपने माता-पिता और भाई के बारे में सोचने का मौका ही नहीं मिला। वह जल्दी से बाइक पर बैठी और सोहेब अली ने हेलमेट पहन लिया, फ्लोरिना के सिर पर चुन्नी लिपटवाई और तेजी से वहाँ से निकल गया। जब बाइक रुकी तो सामने बस खड़ी थी। सोहेब ने बाइक एक चाय की दुकान पर

रोकी और फ्लोरिना को उतरने के लिए कहा। बाइक से उतरने के बाद उस सोहेब ने वहाँ एक दूसरे पानवाले अब्दुल पान को बाइक की चाबी पकड़ाई, उसे थोड़ा पीछे ले जाकर कुछ बात की और खुद फ्लोरिना के साथ बस की तरफ बढ़ गया। इस दौरान उसने कुछ चॉकलेट उस दुकान से ले ली थीं। बस में बैठते ही सोहेब ने वे चॉकलेट फ्लोरिना को पकड़ा दीं। फ्लोरिना को भी भूख लगी थी। उसने तुरंत चॉकलेट खाई। उसको खाने के थोड़ी देर बाद फ्लोरिना की आँखें भारी होने लगीं और बस की खिड़की के साथ सिर लगाकर वह सो गई। फ्लोरिना को सोते हुए देख सोहेब ने फोन निकाला और एक नंबर डायल किया। "खाला, लड़की मेरे साथ ही है। मैं पाँच बजे तक पहुँच जाऊँगा।" इतना कहकर उसने फोन रख दिया और फ्लोरिना को देखकर मुसकराने लगा।

फ्लोरिना को जब होश आया तो वह एक कमरे में थी, चॉकलेट खाने के बाद बीच-बीच में उसे पता तो चल रहा था कि वह चल रही है। लेकिन उस चॉकलेट को खाने के बाद उसे कुछ समझ नहीं आ रहा था कि वह क्या कर रही है। उसे ऐसा भी लगा था कि जैसे वह ट्रेन में लेटी हुई है। लेकिन न तो उसके हाथ काम कर रहे थे और न ही वह अपनी मर्जी से हिल पा रही थी, कोई उसको कंधों पर सहारा देकर चल रहा था। बस इतना ही याद था। यहाँ इस कमरे में वह थोड़ा डर भी गई थी, सोहेब ने तो नौकरी के लिए बताया था। लेकिन अब न तो वह कहीं दिखाई दे रहा है और अब वह कहाँ है, यही सोच रही थी।

अचानक दरवाजा खुला और एक मोटी और सुंदर महिला ने उसके ऊपर कुछ सुंदर से कपड़े फेंकते हुए कहा, "होश आ गया महारानी, अब जल्दी तैयार होकर नीचे आ जा।" यह सुनकर फ्लोरिना कुछ समझ नहीं पाई। उसे लगा कि यह उसकी मालकिन है, जिसके यहाँ काम करना है। लिहाजा वह उठी और कपड़े लेकर इधर-उधर देखने लगी। उसे ऐसा करते देख उस महिला ने कहा, "वहाँ उस कोने में वह दरवाजा

है। उसके अंदर जाकर कपड़े बदल ले। वैसे भी तेरे पास जो है, वह मेरे पास भी है।" इतना कहकर वह महिला दरवाजा बंद करके चली गई। फ्लोरिना यह सोचकर खुश हो रही थी कि चलो, मुझे नौकरी तो मिल गई। हालाँकि उसे यह समझ नहीं आ रहा था कि वह तो बस में बैठी थी, फिर यहाँ कैसे पहुँच गई और सोहेब अब कहाँ है? वह जल्दी से तैयार होकर नीचे जाना चाहती थी, ताकि उसे पता लगे कि वह कहाँ है। हालाँकि ये लोग हिंदी बोल रहे थे, जोकि उसे कम ही समझ आ रही थी।

वह गुलाबी रंग का सूट पहनकर नीचे सीढ़ियों पर पहुँची, फ्लोरिना को देखकर सोफे पर बैठी वह महिला और एक पुरुष मुसकराने लगे। "वाह, बड़ी सुंदर लग रही है।" इतना कहकर वह महिला फ्लोरिना की नजर उतारने लगी। "चल मनोज, अब बोहनी करा दे, बड़ा महँगा माल खरीदा है।" उस महिला ने उस आदमी से कहा, जोकि करीब 35 साल का रहा होगा। इतना सुनना था कि उस पुरुष ने अपनी जेब से नोटों की एक गड्डी उस महिला के हाथ में दे दी। गड्डी अपने ब्लाउज में खोंसते हुए उस महिला ने कहा, "मेरा नाम सोनू है, आगे से मुझे इसी नाम से बुलाना। अब इन साहब के साथ चली जाओ, ये तुम्हें बड़े से होटल में ले जाएँगे और बढ़िया खाना खिलाएँगे।" फ्लोरिना को समझ नहीं आ रहा था कि इतनी अच्छी नौकरी, जिसमें होटल में खाना, कार की सवारी, वह खुश हो या क्या करे? अब तक उसकी बेहोशी खत्म हो गई थी और वह पूरी तरह से होश में आ चुकी थी। धीरे-धीरे कदमों के साथ उसने बाहर कदम रखा। वह हैरान थी कि वह यहाँ पहुँच कैसे गई! इतना सोच ही रही थी कि एक सफेद रंग की लंबी गाड़ी का दरवाजा उस आदमी ने खोल दिया। शायद सोनू ने उस आदमी को समझाकर भेजा था कि रास्ते में या जल्दबाजी में जोर-जबरदस्ती मत करना। लिहाजा उस आदमी ने बड़े ही आराम से होटल तक का सफर तय किया। फ्लोरिना थोड़ी डरी हुई थी। लेकिन पहली बार घर से निकल, एक अनजान शहर में

फ्लोरिना किसी से कुछ पूछ भी नहीं पा रही थी। वह आदमी सीधा होटल के रिसेप्शन पर पहुँचा और चाबी लेकर ऊपर की ओर चल पड़ा। उसके पीछे-पीछे फ्लोरिना चली जा रही थी। उस आदमी ने होटल का बड़ा सा कमरा खोला। अंदर पहुँचते ही उसने वह होटल का कमरा बंद किया और फ्लोरिना पर टूट पड़ा। दो घंटे के बाद फ्लोरिना जब कमरे से बाहर निकली तो सिर्फ पछतावे के अलावा उसके पास कुछ नहीं था। घर से भागने के चक्कर में वह किन लोगों के चंगुल में फँस गई है, इसका उसे अब थोड़ा-बहुत अंदाजा होने लगा था।

"तू घबरा मत, मैं तुझे बहुत अच्छी तरह से रानी बनाकर रखूँगा", उस आदमी ने कहा। इतना कहकर उस आदमी ने फ्लोरिना को 500-500 रुपए के कुछ नोट पकड़ा दिए। फ्लोरिना ने पहली बार इतने नोट एक साथ देखे थे। वह समझ नहीं पा रही थी कि वह खुश हो या दुःखी। खैर, वह चुपचाप से वापस गाड़ी में बैठी और उस आदमी ने उसे सोनू के घर पर छोड़ दिया। वह आते ही ऊपर उस जगह पर जाने लगी, जहाँ वह सोई हुई थी। "आ गई," सोनू ने टोकते हुए कहा, "जी," "ठीक है, तेरा खाना लगा हुआ है। खा लेना। वह नीचे रसोई है। वहाँ रखा है।" सोनू ने कहा। "ठीक है।" फ्लोरिना बहुत ही थक गई थी। उसने जाते ही वह पैसे अपने बैग में डाले, जोकि वह घर से लेकर आई थी। फिर तुरंत नहाने के लिए बाथरूम में चली गई। वहाँ उसने अपने खून में सने कपड़े निकाले और पुराने कपड़े पहनकर वापस आ गई। सोनू जानती थी कि उसके साथ क्या हुआ है, इसलिए बिना कुछ बोले उसका खाना ऊपर ही लेकर आ गई। "तू यह खा ले और आराम कर ले। शाम को भी जाना है।" इतना सुनकर फ्लोरिना थोड़ी परेशान हो गई। वह अब समझ गई कि जाने का मतलब क्या है, लेकिन वह थोड़ी डरी हुई थी, इसलिए कुछ नहीं बोली। "देख, मैं जानती हूँ कि तू परेशान होगी। लेकिन पैसे बहुत मिलेंगे।" इतना सुनकर फ्लोरिना नीचे देखने लगी। "मैडम, वह सोहेब

कहाँ है?" फ्लोरिना ने सोनू से पूछा। "वह तो अपने पैसे लेकर चलता बना," सोनू ने तपाक से जवाब दिया। "मैंने खरीदा है तुझे, समझी।" सोनू ने कड़क आवाज में कहा।

अब तो फ्लोरिना को रात को, तो कभी दिन में सोनू किसी-किसी लड़कों या आदमियों के साथ भेजने लगी थी। उससे फ्लोरिना को भी थोड़े पैसे मिल जाते थे, जोकि उसके लिए बहुत ज्यादा थे। लेकिन वह अब घर जाना चाहती थी। एक दिन उसने रात को किसी के साथ जाने से मना कर दिया। उसी दिन फ्लोरिना की पिटाई सोनू ने कर दी। अगले दिन ही सोनू ने फ्लोरिना को दो लड़कों के साथ जबरदस्ती भेज दिया। जोकि एक बड़े से बँगले में उसको लेकर गए थे। वहाँ एक उम्रदराज आदमी ने फ्लोरिना को अपनी हवस का शिकार बनाया। वहाँ पहली बार फ्लोरिना को पता चला कि वह हरियाणा के दादरी में है। यहाँ उसे होटल या फिर किसी की कोठी में ही उसको भेजा जाता था। इस शहर के कई सफेद कुरते-पाजामेवाले बड़े लोगों के फार्म हाउस पर भी फ्लोरिना जा चुकी थी। अब उसके पास घूमने और आने-जाने के लिए गाड़ी तो थी, लेकिन आजादी नहीं थी। उसके पास अच्छा बेड, ए.सी. सब सुविधाएँ थीं, लेकिन वह खुश नहीं थी। पिटाई से परेशान फ्लोरिना जब उस कोठी से निकलकर बाहर आ रही थी, तभी उसके सामने एक ऑटो आया और वह उसमें बैठ गई। वे लड़के बाहर कार में बैठकर फ्लोरिना का इंतजार कर रहे थे। लेकिन तब तक फ्लोरिना उस ऑटो में निकल चुकी थी। उसको पता चल चुका था कि वह कहाँ फँस गई है और वह क्या कर रही है। लिहाजा उसने ऑटोवाले को पुलिस स्टेशन के पास लेकर जाने को कहा। फ्लोरिना के पास उस कोठीवाले के दिए कुछ पैसे थे। ऑटोवाला भी कोई भला आदमी था, लिहाजा उसने फ्लोरिना की हालत देखकर उसे न सिर्फ पुलिस स्टेशन तक छोड़ा, बल्कि उसके साथ अंदर तक गया। अंदर जाते ही उस ऑटोवाले ने महिला इंस्पेक्टर के सामने

फ्लोरिना को पेश कर दिया। 15 साल की लड़की के बेचने और उसके देह व्यापार में धकेले जाने की कहानी सुन, उस पुलिस इंस्पेक्टर ने तुरंत सी.डब्ल्यू.सी. को सूचित कर दिया। फ्लोरिना को सी.डब्ल्यू.सी. के हवाले कर वह सोनू के घर रेड मारने पहुँच गई।

अचानक सोनू के घर में अफरातफरी मच गई। नीचेवाले कमरों में कुछ लड़कियाँ और लड़के अलग-अलग कमरों में थे कि अचानक पुलिस अंदर आ गई। कइयों को पकड़ने के बाद सबसे आखिर में सोनू आई। सफेद लिफाफा हाथ में लहराती हुई सोनू ने कहा, "मैडम, इतना कष्ट क्यों कर रही हो, मुझे ही बुला लेती।" महिला इंस्पेक्टर ने सोनू से पूछा, 'वह असम वाली लड़की कहाँ है?" यह बात सुनकर सोनू थोड़ा चौंक गई। उसके जवाब नहीं देने पर महिला इंस्पेक्टर ने कहा, "परचा दाखिल हो गया, वह नाबालिग है, जिसको तूने खरीदा। कितने दिन घुमाई है वह लड़की।" उस मोटी सी खाकी वरदीवाली ने पूछा। इतना सुनना था कि सोनू थोड़ी परेशान हो गई। "मैडम, अभी एक महीना ही हुआ है। मेरा बड़ा नुकसान हो जाएगा, महँगा माल था।" "अरी, पॉस्को एक्ट लगेगा, जे.जे. एक्ट भी लगेगा। जानती है, तेरी बेल भी न होने की।" यह सुनकर सोनू ने मुसकराते हुए कहा, "मैडम, अगर मेरी बेल नहीं हुई तो हर महीने लिफाफा कौन देगा?" "देख सोनू, यह केस मेरे हाथ में नहीं है।" इंस्पेक्टर ने लाचारी दिखाते हुए कहा। "तुझे तो गिरफ्तार करना ही पड़ेगा।" "मैडम लो, जितना उस लड़की से कमाया है, वह रख लो।" एक लिफाफा और निकालकर रखते हुए सोनू ने कहा। "ठीक है, थोड़े दिन अंडरग्राउंड हो जा। फिर देखेंगे।" इतना कहकर पुलिस वहाँ से निकल गई।

वह कमेटीवाले फ्लोरिना को एक आश्रम में लेकर चले आए। एक बंद कमरे में फ्लोरिना अब हर समय अपने घर के बारे में सोचती रहती थी। उसे अब पता चल गया था कि जो सोहेब अली उसे मोटरसाइकिल

पर लेकर आया था, उसी ने उसे बेचा था। उस होम में उसकी एक सहेली बन गई थी, जोकि हरियाणा की ही थी, लेकिन उसने फ्लोरिना को पूरा खेल बता दिया। इस होम में फ्लोरिना को कम–से–कम कहीं किसी के साथ होटल में नहीं जाना पड़ता था। अभी फ्लोरिना को यहाँ रहते हुए एक हफ्ता ही हुआ था कि उसे लेने के लिए पुलिस के साथ कुछ अधिकारी आए। जिनमें से एक वह आदमी था, जो फ्लोरिना को सबसे पहले सोनू के घर से लेकर आया था। दरअसल फ्लोरिना प्रेगनेंट हो गई थी, लिहाजा पुलिस के मामले में अब गंभीर धाराएँ और जुड़ गई थीं। पुलिस ने इस होम में उसको डालने से पहले एक बयान भी लिया था, जिसमें उसने सारी सच्चाई चाइल्ड वेलफेयर कमेटी (सी.डब्ल्यू.सी.) को लिखवा दी थी, जोकि रिकॉर्ड में आ चुकी थी। इस बयान में जिन सफेदपोश लोगों के घर या फार्म हाउस पर वह गई थी, उनके नाम भी थे। 15 साल की लड़की के साथ शारीरिक संबंध बनाना ही पॉस्को एक्ट में आ जाता है। लिहाजा सी.डब्ल्यू.सी. अगर मामले को आगे बढ़ाती है तो कइयों के चेहरे से सफेद नकाब हट जाता, इसलिए अब फ्लोरिना का बयान बदलवाने के लिए सी.डब्ल्यू.सी. पर दबाव डाला जाने लगा। इसलिए काउंसलिंग के नाम पर फ्लोरिना से एक बार फिर कुछ लोग मिलने आए। यह पिछले कुछ दिनों में तीसरी काउंसलिंग थी।

जो लोग उससे बात करने आए थे, उनमें एक वह आदमी भी था, जो काफी प्रभावशाली लग रहा था। यह मोहित था, जो खुद ही चाइल्ड वेलफेयर डिपार्टमेंट में एक जिले की ऊँची पदवी पर तैनात था, वह बाकी लोगों को निर्देश दे रहा था। गेट पर रजिस्टर में कुछ लिखवाने के बाद होम की एक वार्डन के साथ फ्लोरिना एक कॉलेज में पहुँची। जहाँ उसे एक कमरे में ले जाया गया। "तुम जरा बाहर ठहरो," मोहित ने वार्डन से कहा। "ठीक है साहब।" वार्डन ने जवाब दिया और वह कमरे के बाहर ही ठहर गई।

अंदर पहुँचते ही मोहित और काउंसलर उसको घेरकर बैठ गए। बाकी एक और व्यक्ति था, जोकि थोड़ी दूरी पर खड़ा हुआ था। "सुन असमिया, तूने जो बयान दिया है, क्या तुझे मालूम है कि तूने क्या लिखवाया है?" मोहित ने थोड़े कड़े अंदाज में पूछा। "जी सर, मुझे मालूम है।" "लेकिन तू गई तो अपनी मर्जी से थी, पैसे कमाने के लिए?" मोहित ने अगला सवाल दाग दिया। "नहीं सर, मैं इस काम के लिए यहाँ नहीं आई थी, ये लोग मेरे साथ गंदा-गंदा काम करते हैं।" फ्लोरिना ने जवाब दिया। "लेकिन तेरे बैग में से तो बहुत सारे पैसे निकले हैं?" मोहित ने जवाब खत्म होने से पहले ही सवाल दाग दिया। "हाँ सर, वह जो पैसे देता था, मैं उसको सँभालकर रख लेती थी।" फ्लोरिना अब रुआँसी हो चली थी। मोहित ने और कड़े अंदाज में पूछा, "तो तू पैसा कमाती थी?" इस पर फ्लोरिना चुप हो गई।

हालाँकि यह काउंसलिंग दूसरे व्यक्ति को करनी थी, लेकिन मोहित ने किसी के लिए कोई स्पेस ही नहीं छोड़ा। इतने में मोहित ने फ्लोरिना को अपनी ओर खींच लिया। "तुम इस काम के कितने पैसे लेती हो?" अचानक इस हमले से फ्लोरिना सँभल नहीं पाई और वह कुरसी से मोहित की ओर गिर गई। गिरते ही वह रोने लगी। उसको रोता देख उस दूसरे व्यक्ति ने मोहित से कहा, "यार, छोड़ दे, अब वहाँ चाइल्ड होम के रजिस्टर में मेरा नाम लिखा है। अगर कुछ हुआ तो लेने के देने पड़ जाएँगे।" उसकी बात सुनकर मोहित जैसे होश में आ गया हो। चूँकि इसके बारे में अखबारों में काफी छप गया था। लिहाजा अब यह एक हाई प्रोफाइल केस बन गया था, इसलिए मोहित ने उस दूसरे आदमी की बात मान ली। "देख लड़की, अगर तूने बयान नहीं बदला तो तुझे परेशानी हो जाएगी, इसलिए अगली काउंसलिंग में अपना बयान बदल देना।" फ्लोरिना को धमकी देकर मोहित बाहर निकल गया। मोहित की इस धमकी से फ्लोरिना और डर गई।

इसके बाद फ्लोरिना को गाड़ी में बिठाकर वापस होम भेज दिया गया। मोहित वहाँ से सीधा पूनम के पास पहुँच गया। पूनम जिले की चाइल्ड वेलफेयर कमेटी (सी.डब्ल्यू.सी.) की वरिष्ठ सदस्य थी। वह अकेली ही पूरी सी.डब्ल्यू.सी. को चलाती थी।

"पूनम, क्या एक केस भी नहीं सुलझा पाएँगे?" मोहित ने ताना देते हुए कहा। "मैंने तेरे लिए फर्जी ऑर्डर दे दिया, ताकि तू उसकी काउंसलिंग के बहाने उससे बयान बदलवा सके। अगर तू कुछ नहीं कर पाया तो मैं क्या करूँगी।" पूनम ने साफ कहा। "वह तो तेरी बात ठीक है।" मोहित ने इसका जवाब दिया। "देख, जिन लोगों से केस चेंज कराने के पैसे लिये हैं, उनको वापस कर दे, नहीं तो बड़ी बदनामी होगी।" पूनम ने मोहित से कहा। "हा हा हा, पूनम, देख, मेरा तो पूरा खानदान ही अधिकारियों का है, तो फिर डर किस बात का?" मोहित ने हँसते हुए कहा। "लेकिन लड़की ने बयान नहीं बदला तो?" पूनम ने सवाल किया। "तो फिर हम उसको 18 साल से ऊपर का दिखा देंगे।" मोहित ने कहा। "क्या बात है मोहित, हर सवाल का जवाब है तुम्हारे पास।" पूनम ने मुसकराते हुए कहा। "लेकिन यह करेंगे कैसे?" पूनम ने फिर सवाल खड़ा किया। "आसान है, वे पुलिस से टेस्ट के लिए लिखवाएँगे और टेस्ट रिपोर्ट अपने हिसाब से करवा लेंगे।" मोहित ने जवाब दिया। "वाह, इसके बाद तो समस्या ही खत्म हो जाएगी। यह 18 से ऊपर की होगी, अगर नाम सामने आ भी जाते हैं तो जो लोग अभी गिरफ्तार हुए हैं, उनको भी थोड़ी-बहुत ही सजा होगी।" पूनम ने खुश होते हुए कहा। "मेरा पैसा भी बढ़ा देना, मुझे दूसरा ऑर्डर भी करना होगा।" पूनम ने मोहित के कंधे पर हाथ मारते हुए कहा। "पैसे की चिंता मत कर···काम हो जाने दे। वह तू जो बोलेगी, मिल जाएगा।" इतना बोलते हुए मोहित ने एक लिफाफा पूनम के हाथ में पकड़ा दिया। "ठीक है, कल ऑर्डर मिल जाएगा।" पूनम ने लिफाफा पकड़ते हुए

कहा। इसके बाद दोनों अपने-अपने घर निकल गए।

अगले दिन सुबह पूनम ऑफिस जल्दी पहुँच गई। जाते ही अपने केबिन में उसने कंप्यूटर पर कुछ लिखना शुरू कर दिया। हालाँकि यह नॉर्मल नहीं था, जब भी पूनम को कुछ खास ऑर्डर करना होता था तो वह खुद ही लिखती थी। प्रिंट देकर उसने उस पर मोहर लगाई और लिफाफे में बंद कर अपने पर्स में रख लिया। थोड़ी देर बाद ही दफ्तर के बाकी लोग भी आ गए थे। पियोन से चाय मँगाकर उसने मोबाइल से एक नंबर डायल किया। "मोहन," उधर से हैलो की आवाज आते ही पूनम बोली। "एक घंटे बाद सेक्टर-2 की मार्केट में मिलो।" इतना कहकर पूनम ने फोन रख दिया। इस दौरान पियोन चाय के साथ कुछ फाइलें भी लेकर आ गया था। "मैडम, ये कुछ फाइलें हैं।" पियोन ने कहा। "ठीक है, रख दो।" पियोन टेबल पर फाइलें रखकर चला गया। चाय की चुस्कियों के साथ कुछ फाइलें देखकर पूनम ने घड़ी देखी। आधा घंटा बीत चुका था। लिहाजा वह तुरंत अपनी सीट से उठी और बाहर निकल गई। गाड़ी स्टार्ट कर वह सीधी सेक्टर-2 के लिए निकल गई। गाड़ी पार्किंग में खड़ी करके जैसे ही ऊपर पहुँची, वहाँ मोहन पहले से ही मौजूद था। डॉ. मोहन, एक सरकारी कॉलेज में था और उम्र के लिए किए जानेवाले टेस्ट को सर्टिफाई करने के लिए डॉ. मोहन को नोमिनेट किया जाता था।

"डॉ. मोहन, क्या हालचाल हैं?" पूनम ने हाथ आगे बढ़ाते ही पूछा। "मैं ठीक हूँ पूनम मैडम, आज सुबह-सुबह कैसे याद कर लिया?" इतना सुनते ही पूनम ने वह लिफाफा आगे बढ़ा दिया। "यह ऑर्डर है। एक बोनडेंसिटी टेस्ट आएगा, उसको सर्टिफाई कर देना।" पूनम ने कहा। "मैडम, क्या मामला है, पूरा बताओ?" डॉ. मोहन ने पूछा। "असमिया लड़की वाला मामला तो तुम्हें पता ही होगा।" पूनम ने कहा। "हाँ, सब अखबारों में छप ही रहा है।" डॉ. मोहन ने गरदन हिलाते

हुए कहा। "वह मोहित ने इसका बयाना उठा लिया है। चलो बाकी बातें अब सी.सी.डी. में करते हैं।" अभी तक दोनों सी.सी.डी. के सामने ही खड़े होकर बातें कर रहे थे। इसके बाद दोनों अंदर की ओर चल पड़े। "मेरा कितना होगा?" डॉ. मोहन ने चलते चलते पूछा। "तुम्हारा तो फिक्ड ही है।" पूनम ने कहा। "मैडम, इतना बड़ा मामला है। कुछ तो बढ़ाओ।" डॉ. मोहन ने कहा। "ठीक है, वह हो जाएगा।" पूनम ने 'हाँ' बोलकर कॉफी ऑर्डर कर दी।

इधर होम में फ्लोरिना परेशान थी, वह अब लगातार की पूछताछ और रोज-रोज के बयानों से परेशान हो चुकी थी। वैसे भी प्रेगनेंट होने के कारण उसके मूड स्विंग बहुत हो रहे थे। फ्लोरिना की परेशानी देखकर वहाँ होम में भी कुछ महिलाएँ बड़ी चिंतित हो गई थीं। इस बीच होम की एक वार्डन ने पिछली बार सी.डब्ल्यू.सी. मेंबर रहे कुणाल को इस मसले की पूरी कहानी बता दी। कुणाल ने मामले की जानकारी स्टेट और नेशनल बॉडी को भेज दी। आनन-फानन में फ्लोरिना को एक दूसरे जिले के होम में भेज दिया गया। साथ ही मेडिकल बोर्ड बुलाकर उसकी प्रेगनेंसी अबॉर्शन की मंजूरी भी दे दी गई।

फ्लोरिना के दूसरे होम में भेजे जाने और मामले की शिकायत ऊपर हो जाने के बाद मोहित और पूनम थोड़े परेशान हो गए थे। वे जानते थे कि अब इस मामले में कुछ भी करना मुश्किल होगा। लिहाजा अब वे पुराने रिकॉर्ड खत्म करने में लग गए थे। इतने में ही नेशनल टीम के भिवानी पहुँचने और मामले की जाँच का आदेश आ गया। मोहित ने तुरंत अपने फोन की सिम निकालकर तोड़ डाली और एक नया नंबर खरीद लिया। पूनम ने भी तुरंत सारे रिकॉर्ड जला दिए और जो चिट्ठियाँ उसने कंप्यूटर में टाइप की थीं, वे भी फॉरमेट कर डालीं। चूँकि दोनों अब जानते थे कि नेशनल टीम आएगी तो किसी की भी नहीं सुनेगी।

आज भिवानी के मिनी सेक्रेटिएट में भारी गहमागहमी थी, बाल

आयोग से एक पूरी टीम इस मसले की जाँच करने आई हुई थी, जिसमें कलेक्टर और एस.पी. पुलिस भी शामिल थे। एक बड़े से कमरे में जाँच कमेटी बैठी हुई थी।

सबसे पहले दादरी की उस इंस्पेक्टर को बुलाया गया, जिसने फ्लोरिना को होम में भिजवाया था। "इंस्पेक्टर मैडम, जब आपको यह पता था कि फ्लोरिना 15 साल की है तो आपने उसको वेश्यावृत्ति में धकेलनेवाली सोनू पर क्या कार्रवाई की?" टीम के एक अधिकारी ने यह सवाल पूछा। इस पहले ही सवाल से वह लेडी इंस्पेक्टर थोड़ी परेशान हो गई। "सर, जिन लोगों ने फ्लोरिना से रेप किया, हमने उनमें से तीन लोगों को गिरफ्तार कर लिया है।" इंस्पेक्टर ने जवाब दिया। "वह तो ठीक है, लेकिन जितने भी लोगों ने इस बच्ची के साथ शारीरिक संबंध बनाए, उनकी कोई लिस्ट है और उस सोनू को अभी तक गिरफ्तार क्यों नहीं किया?" टीम के उसी सदस्य ने अगला सवाल दागा। "सर, हमने कई जगह रेड की है, उसके परिवारवालों पर भी दबाव डाला है। हम जल्द ही सोनू को पकड़ लेंगे।" इंस्पेक्टर ने जवाब दिया। "कितने दिन में, वह पहले भी गिरफ्तार हुई है? इस पूरे इलाके की नामी दलाल है। कितने दिन में गिरफ्तार करेंगी?" टीम के एक दूसरे सदस्य ने एक फाइल खँगालते हुए पूछा। इस पर इंस्पेक्टर सकपका गई। वह एस.पी. की ओर देखकर बोली। "सर, एक हफ्ते में कर लेंगे।" "ठीक है, आप जाइए। बाहर से सी.डब्ल्यू.सी. के मेंबर्स को भेजिए।" इंस्पेक्टर के जाने के बाद तीन लोग अंदर आए। सबसे आगे पूनम थी और उसके पीछे-पीछे दो लोग और थे। "पूनमजी, इस बच्ची को चार बार काउंसलिंग के लिए बाहर लेकर जाया गया है, जोकि होम के रजिस्टर में दर्ज है। किसके आदेश से यह हुआ है।" "सर, वह कोर्ट ने आदेश दिया था।" पूनम ने कहा। "ठीक है, वह कोर्ट का आदेश दिखाओ?" टीम के एक दूसरे सदस्य ने कहा। अब पूनम को काटो तो खून नहीं। वह कुछ बोल

नहीं पा रही थी। पूनम के चुप रहने पर एक बार फिर पूनम से उसी टीम के सदस्य ने कहा, "ठीक है क्या, वह ऑर्डर जो तुमने बच्ची के बयान के लिए जारी किया था, वह कहाँ है? क्या फाइल में लगाया था?" यह सुनकर वह कुछ नहीं बोल रही थी। इतने में सी.डब्ल्यू.सी. के दूसरे मेंबर ने कहा, "सर, पूनम मैडम कभी हमसे कुछ नहीं पूछतीं, बस अपने हिसाब से ही सब करती हैं।" "ठीक है, कोई बात नहीं।" टीम के लीडर ने कहा, "मोहित और डॉ. मोहन को भेजो।" थोड़ी देर में दोनों अंदर आ गए। दोनों के बैठते ही टीम लीडर ने पूछा, "तुम लोग उस बच्ची को मेडिकल काउंसलिंग के लिए कहाँ लेकर गए थे?" "जी वह कॉलेज।" मोहित ने बोला। टीम लीडर ने थोड़ा सख्त लहजे में बोला, "किसके आदेश से?" "जी, वह सी.डब्ल्यू.सी. का आदेश था।" मोहित ने कहा। "सी.डब्ल्यू.सी. का नहीं, पूनम का आदेश था, जो तुमने लिखवाया था?" "नहीं सर," मोहित ने गरदन हिलाकर कहा। "ठीक है, अपना मोबाइल दो?" टीम लीडर ने कहा। "सर, मेरा मोबाइल घर पर छूट गया है।" मोहित ने कहा। "ठीक है।" "एस.पी. साहब, मोहित के घर किसी आदमी को भेजकर मोबाइल मँगा लो।" एस.पी. ने सिर हिलाकर एक इंस्पेक्टर को मोहित का मोबाइल लाने के लिए कह दिया। "तो तुमने लड़की का बयान बदलवाने की कोशिश भी की?" टीम लीडर ने फिर पूछा। "नहीं सर, मैं क्यों करूँगा ऐसा?" मोहित ने कहा। "तो फिर तुमने कॉलेज में उससे पूछताछ क्यों की थी?" अब मोहित थोड़ा परेशान हो गया, उसे लग गया था कि आने से पहले उस लड़की से मिलकर इन्होंने सारी बातें पता कर ली हैं। लिहाजा अब बचने के रास्ते बंद हो गए हैं। अब वह चुप हो गया था। "डॉ. मोहन, आप भी इस क्राइम में शामिल हैं। जानते हैं न आप, पॉस्को एक्ट लगेगा।" इतना सुनते ही डॉ. मोहन लगभग रो पड़ा। "सर, मेरी कोई गलती नहीं है, मैंने तो मोहित को बोला भी था कि तुम इससे बात नहीं कर सकते।" डॉ. मोहन ने कहा। "तो तुम

मोहित के साथ होम में क्यों गए थे? सीसीटीवी फुटेज है हमारे पास।" टीम लीडर ने फिर कहा।

"सर, वह मैं मोहित की बातों में आ गया था।" डॉ. मोहन ने अपना जुर्म अब कुबूल कर लिया था। टीम लीडर ने कहा, "एस.पी. साहब, मोहित को आप तुरंत गिरफ्तार कीजिए। मैं लिखकर आदेश देता हूँ। इसी ने पैसों के लालच में अपराधियों के नाम छुपाने के लिए यह सारा खेल खेला है। आप तुरंत उस बच्ची के माता-पिता से संपर्क करें और उसे वापस अपने घर भिजवाएँ।'

इधर ऑपरेशन के बाद फ्लोरिना चार दिनों तक अस्पताल में ही थी। इसी बीच पुलिस को आदेश आ गया कि फ्लोरिना को वापस उसके घर छोड़कर आना है। एक हफ्ते बाद फ्लोरिना को छोड़ने के लिए दो महिला पुलिसकर्मी उसके साथ ट्रेन में बैठी थीं। अब फ्लोरिना को मोबाइल नहीं, बल्कि अपने घर की साफ हवा, नदी और शाम को मंदिर का वह बिहु याद आ रहा था…